☑チェックリスト
学級担任の危機管理

成瀬 仁 著

教育出版

はじめに

　なぜ，今，学級担任が「危機管理」なのか。「危機管理」なんて管理職だけでいい——そう思っている先生方に，本書を読んでいただきたい。

　私は，一介の公立学校の教師である。教職に就いて二十数年が経つ。その間，ずっと学級担任をしてきた。自分が熱血先生として，「子ども」と「自分」だけで教育を考えていた時代もあった。でも今は無理だ。

　時は流れ，教師という職業が，漫然と「子ども」と「教師」との関係だけに気をとられていてはいけない時代に入った。管理職は責任でがんじがらめになり，保護者の中には理不尽な要求を突きつけてくる人々もいる。事務処理は，子どもたちが下校した4時以降。部活動がある時には，7時以降にしかテストの採点や子どものノートの添削ができない。さらに，子どもたちの生徒指導上の問題が突発的に起こる。「やりがい（喜び）を感じられるのは，子どもたちと一緒の時だけ」と思いきや，わがままな子どもに振り回され，学級の秩序も乱れ，崩壊状態。いじめが起こり，保護者から突き上げられ，精神疾患で病休になる……。

　こんな光景をいくつ見てきたことだろう。もう我慢できない。なんとかしたい。よりよい教育を志す仲間としてなんとかしたい。その一念で本書を書いた。もっと教師が，自分の仕事に誇りをもてるようになるために。教育のプロとして自立していけるために。学級担任が誰に対しても説明責任を果たせるようになるために。その一助になればという思いで本書を書いた。

　時代は，教師に厳しい視線を向けているが，多くの教師は，子どもの成長を願い，日々奮闘している。もっと堂々と胸を張って，子どもの教育について語ろう。子どもの前に立とう。そのために本書がある。

2012年1月　　　　　　　　　　　　　　　　　　　　　　　　著　者

目　　次
(この目次は，コピーしてチェックリストとしても使えます)

はじめに

序章　学級経営における柔軟性と信念
　　　──教師のあり方と「不易」と「流行」を求めて ── 1
今, なぜ学級担任の危機管理なのか ── 1
学級崩壊を防ぐために ── 3
職場の同僚や保護者の信頼を得るためには ── 5
日常における危機意識をどうとらえるか ── 7

I　「いじめ」に対する危機管理 ── 9
- [ ] I-1　「いじめ」の定義を正しく認識しているか？
   また, どのように子どもたちに伝えているか？ ── 11
- [ ] I-2　子どもの気質や性格を, 早めにとらえているか？ ── 12
- [ ] I-3　学級の子どもの遊びの傾向は把握できているか？ ── 13
- [ ] I-4　学級の子どものじゃれ合いを"読む"ことができるか？ ── 14
- [ ] I-5　学級の子どもの言葉の荒れに気づいているか？ ── 15
- [ ] I-6　学級で物がなくなることへの予防はできているか？ ── 16
- [ ] I-7　学級で物がなくなったときの対応はできているか？ ── 17
- [ ] I-8　学級の子どもは, 学校にいる間,
   自分が見続けようとする気概をもっているか？ ── 18
- [ ] I-9　学級の中で, "学級担任から遠い子ども"に配慮し,
   声かけしているか？ ── 19
- [ ] I-10　けがを起こしそうな子どもの行動への
   配慮意識はあるか？ ── 20
- [ ] I-11　日ごろから, 学級の子どもたちに
   正義感について語っているか？ ── 21

- ☐ Ⅰ-12 日ごろから，子どもに
「社会の仕組み」について語っているか？ ———————— 22
- ☐ Ⅰ-13 日ごろから，いやがらせの行為をしていくと
どうなるかという"責任"について語っているか？ ———— 23
- ☐ Ⅰ-14 学級の子どもが教師の語る真意を
感じ取れているか否かの判断ができているか？ —————— 24
- ☐ Ⅰ-15 親や子どもからの訴えを
できるだけ早く確認しようとしているか？ ———————— 25
- ☐ Ⅰ-16 「いじめ」の訴えがあったことを，
すぐに同僚や管理職に報告しているか？ —————————— 26
- ☐ Ⅰ-17 「いじめ」の訴えへの対処を
同僚や管理職と相談しているか？ ——————————————— 27
- ☐ Ⅰ-18 「いじめ」の事実を確認する場合，
必ず複数の教師で行っているか？ ——————————————— 28
- ☐ Ⅰ-19 「いじめ」の事実を，
時系列で記録できているか？ ——————————————————— 29
- ☐ Ⅰ-20 「いじめ」を打ち明けた子どもへの配慮は十分か？ ——— 30
- ☐ Ⅰ-21 「いじめ」をしたと思われる子どもへの配慮や
聞き方の留意点は，しっかりとわかっているか？ ———— 31
- ☐ Ⅰ-22 「いじめ」の事実関係をすべて把握した段階で，
再度，管理職への報告はしているか？ ——————————— 32
- ☐ Ⅰ-23 子どもを叱る際に「人格」ではなく，
その子どもの行った「行為」を叱っているか？ —————— 33
- ☐ Ⅰ-24 「子どもの人権」を尊重しているか？ ———————————— 34
- ☐ Ⅰ-25 「いじめ」という行為がなぜ起こったのか，
当事者の子どもたちと反省しているか？ —————————— 35
- ☐ Ⅰ-26 「いじめ」を訴えてきた子どもと加害者とされる子どもとの
間で，互いが納得いくように話し合いをさせたか？ ——— 36
- ☐ Ⅰ-27 子どもを説得して自覚を促す際の
論拠と方法論をもっているか？ ————————————————— 37
- ☐ Ⅰ-28 いじめられた子どもといじめた子どもが，互いに自分の口で
保護者に伝えるように約束して終わらせたか？ —————— 38

- ☐ Ⅰ-29 保護者への「いじめ」の事実の説明は,
  書くことはせず,話すことを基本としているか? ——— 39
- ☐ Ⅰ-30 保護者へ話を切り出す際には,
  その子どものよい面を先に伝えることを心がけているか? — 40
- ☐ Ⅰ-31 「いじめ」などの問題を処理した段階で,
  すべて管理職に報告しているか? ——————————— 41
- ☐ Ⅰ-32 新たな学級を担任してすぐに「いじめ」を認識した時点で,
  教師はどうするかについて,意識しているか? ————— 42
- ☐ Ⅰ-33 行事がたてこむ時期や行事が一段落する時期に,
  「いじめ」に対する危機意識を一段と強くもっているか? — 43
- ☐ Ⅰ-34 長期の「いじめ」に対しては,
  傍観者の子どもたちの"囲い込み"をしているか? ———— 44
- ☐ Ⅰ-35 子どもたちが「いじめ」の情報などを伝えたい思いになる,
  安心感や頼りがいのある教師になっているか? ————— 45
- ☐ Ⅰ-36 「間違っていることを間違っていると言える」
  雰囲気づくりが,学級でできているか? ———————— 46

Ⅱ 「保護者対応」に対する危機管理 ——————————— 47
- ☐ Ⅱ-1 子ども・保護者情報の共有化を図っているか? ——— 49
- ☐ Ⅱ-2 家庭への「学年だより」「学級だより」に差が出ないよう,
  学年間で相談しているか? ——————————————— 50
- ☐ Ⅱ-3 「学年だより」「学級だより」は,
  必ず学年主任や管理職に内容を確認してもらっているか? — 51
- ☐ Ⅱ-4 「学級だより」は,出すと決めたら
  定期的に出しているか? ————————————————— 52
- ☐ Ⅱ-5 「学級だより」には,子どものよさを前面に出しているか? – 53
- ☐ Ⅱ-6 保護者からの連絡帳には,
  必ず丁寧に返事を書くようにしているか? —————— 54
- ☐ Ⅱ-7 連絡帳に赤ペンで
  返事や子どもへの指摘などを書いていないか? ———— 55
- ☐ Ⅱ-8 連絡帳に,込み入ったことを平気で書いていないか? —— 56
- ☐ Ⅱ-9 連絡帳は,子どもが見ることを自覚して書いているか? —— 57

- ☐ Ⅱ-10 連絡帳は重要な証拠になることを，認識しているか？ ―――― 58
- ☐ Ⅱ-11 連絡帳の返信は，丁寧な言葉づかいやしっかりとした字で書いているか？ ―――― 59
- ☐ Ⅱ-12 重要なことや込み入った事柄などは，連絡帳よりも電話や直接会って話すことを心がけているか？ – 60
- ☐ Ⅱ-13 欠席した子どもへは，手紙や電話などで励ましの言葉を送っているか？ ―――― 61
- ☐ Ⅱ-14 欠席した子どもへの翌日の連絡は，必ずしているか？ ―――― 62
- ☐ Ⅱ-15 欠席が続いた子どもや早退した子どもの家庭には，必ず連絡をとり，経過を聞いているか？ ―――― 63
- ☐ Ⅱ-16 欠席した子どもの家庭への連絡には，学校の電話を使っているか？ ―――― 64
- ☐ Ⅱ-17 家庭への電話連絡の際には，事の内容に合わせ，適切な時間帯を考えて連絡しているか？ ―――― 65
- ☐ Ⅱ-18 自宅の電話や携帯電話の番号を不用意に保護者に教えていないか？ ―――― 66
- ☐ Ⅱ-19 教師は学校の「公人」であることを意識しているか？ ―――― 67
- ☐ Ⅱ-20 保護者に電話連絡をする際には，必ず管理職に内容を報告してからしているか？ ―――― 68
- ☐ Ⅱ-21 保護者からの相談があった場合に，必ずその日のうちに1回は返信しているか？ ―――― 69
- ☐ Ⅱ-22 個別懇談では，子どもの客観的なデータをもとに話をしているか？ ―――― 70
- ☐ Ⅱ-23 個別懇談では，保護者と正対しないように机の位置を考えているか？ ―――― 71
- ☐ Ⅱ-24 個別懇談は，時間厳守で行っているか？ ―――― 72
- ☐ Ⅱ-25 個別懇談では，その子のよいところ，優れているところを先に伝えているか？ ―――― 73
- ☐ Ⅱ-26 個別懇談では，課題とともに対策（処方）も伝えているか？ ―――― 74
- ☐ Ⅱ-27 個別懇談では，「共に考えていく」という姿勢で親に伝えているか？ ―――― 75

- ☐ Ⅱ-28 個別懇談で子どもの生活上の問題や学習上の課題を伝える場合は，具体的な場面や行動を話しているか？ ——— 76
- ☐ Ⅱ-29 保護者からの相談事には，快く対応しているか？ ——— 77
- ☐ Ⅱ-30 子どものことと保護者のことは，一線を引いて考えるようにしているか？ ——— 78
- ☐ Ⅱ-31 保護者からの相談事を軽はずみに，その子に知られるようなことはしていないか？ ——— 79
- ☐ Ⅱ-32 保護者には，今の社会や子どもの世界をわかりやすく伝えながら話をしているか？ ——— 80
- ☐ Ⅱ-33 今の保護者の感覚を踏まえつつ，保護者と話しているか？ ——— 81
- ☐ Ⅱ-34 「保護者の困っていることは何か」をとらえて，話をしているか？ ——— 82
- ☐ Ⅱ-35 常に共感的態度で保護者に対しているか？ ——— 83

Ⅲ 日常の「授業づくり」に対する危機管理 ——— 84

- ☐ Ⅲ-1 始業時に今日一日の授業の見通しはもてているか？ ——— 86
- ☐ Ⅲ-2 学級の「朝の会」で今日一日の流れを子どもにきちんと説明しているか？ ——— 87
- ☐ Ⅲ-3 授業のはじめに，授業開始の挨拶をしているか？ ——— 88
- ☐ Ⅲ-4 授業時間を，教師の都合でよく延ばしていないか？ ——— 89
- ☐ Ⅲ-5 1時間の授業に取り組むべき課題を子どもに視覚的に明示しているか？ ——— 90
- ☐ Ⅲ-6 各時間の板書のはじめに，「日付」と「教科書のページ番号」を書いているか？ ——— 91
- ☐ Ⅲ-7 教科書を忘れた子どもには，手だてを講じてから授業を始めているか？ ——— 92
- ☐ Ⅲ-8 子どもがノートにとりやすい板書を心がけているか？ ——— 93
- ☐ Ⅲ-9 ノートに子どもの考えた軌跡が残るように板書しているか？ ——— 94
- ☐ Ⅲ-10 「ノートに書くことが基本！」と子どもが自覚できるようにさせているか？ ——— 95
- ☐ Ⅲ-11 各教科のノートに書かれた子どもの考えを添削しているか？ ——— 96
- ☐ Ⅲ-12 ノートに「自分の考え」を書いた子どもをほめているか？ ——— 97

- ☐ Ⅲ-13 「……がわからない」と言ったり書いたりした子どもを賞賛しているか? ——— 98
- ☐ Ⅲ-14 ノートに書いた「子どもの考え」を授業で生かしているか? — 99
- ☐ Ⅲ-15 各教科の特性を生かした「考える場」を毎時間用意しているか? ——— 100
- ☐ Ⅲ-16 子どもの「考える」軌跡を大切にしようとする誠意をもっているか? ——— 101
- ☐ Ⅲ-17 各教科で理解の遅い子どもをどのように把握しているか? — 102
- ☐ Ⅲ-18 理解の遅い子どもへの手だてを講じているか? ——— 103
- ☐ Ⅲ-19 理解しているかどうかの「確かめチェック」を必ずしているか? ——— 104
- ☐ Ⅲ-20 「確かめチェック」後は,全員にノートを提出させているか? ——— 105
- ☐ Ⅲ-21 日常の各教科の授業で子どもの成長ぐあいをとらえる"ものさし"をもっているか? ——— 106
- ☐ Ⅲ-22 年間を通して,子どもの成長をとらえられるか? ——— 107
- ☐ Ⅲ-23 その授業で理解させたい内容や子どもの伸ばしたい力をしっかりと押さえているか? ——— 108
- ☐ Ⅲ-24 前時の振り返りを授業に入れているか? ——— 109
- ☐ Ⅲ-25 単元の大きな流れを説明してから,単元に入っているか? — 110
- ☐ Ⅲ-26 「わからない」と言った子どもを「すばらしい」と認めているか? ——— 111
- ☐ Ⅲ-27 授業に必要のない物が机に出ているか否かに注意を向けられているか? ——— 112
- ☐ Ⅲ-28 学校へ持ってきてもよい物とよくない物を明確に理由を言って,子どもに伝えているか? ——— 113
- ☐ Ⅲ-29 授業中の子どもの「脚の動き」に目を配れるか? ——— 114
- ☐ Ⅲ-30 授業中に,子どもに「今,何をする時か」を明確に伝えているか? ——— 115
- ☐ Ⅲ-31 机間巡視の際には赤ペンなどを持って回り,できた子どもに○を付けてあげているか? ——— 116
- ☐ Ⅲ-32 早く課題が終わった子どもに次の課題を伝えているか? ——— 117

- ☐ Ⅲ-33　授業中のルールを徹底しているか？ ——————— 118
- ☐ Ⅲ-34　授業中のルールについて，しっかりと子どもの納得がいくような説明をしているか？ – 119
- ☐ Ⅲ-35　ルールを守れない子やまわりに迷惑をかける子への合法的な懲戒の仕方をもっているか？ ——————— 120
- ☐ Ⅲ-36　授業中のルールを守らない子どもに「一様に」注意しているか？ ——————— 121
- ☐ Ⅲ-37　「子どもの考えの足跡」を教室に掲示しているか？ ——— 123
- ☐ Ⅲ-38　「友達とともに勉強することが，最良の勉強である」ことを伝えているか？ ——————— 123
- ☐ Ⅲ-39　「できた！」という喜びを学級で実感できる授業を時折，行っているか？ ——————— 124
- ☐ Ⅲ-40　子ども一人一人のよさを語ってあげているか？ ——— 125
- ☐ Ⅲ-41　授業がワンパターンになっていないか？ ——————— 126
- ☐ Ⅲ-42　授業のマンネリ化を防ぐ方法を知っているか？ ——— 127
- ☐ Ⅲ-43　子どもたちが授業に飽きていることに気づけるか？ ——— 128
- ☐ Ⅲ-44　子どもに，その学習が社会や今後の生活でどのように役立つかを語ってあげているか？ ——————— 129
- ☐ Ⅲ-45　子ども同士が「教え合い」「学び合い」の意味を実感しているか？ ——————— 130
- ☐ Ⅲ-46　子どもの短絡的な興味に迎合し，子どもがただ「面白い」というものだけで授業づくりをしてはいないか？ ——— 131
- ☐ Ⅲ-47　文化的な深さなど，意外に難しいことに子どもはより深い関心をもつという事実に気づいているか？ ——— 132
- ☐ Ⅲ-48　授業中に子どもに語っていいことかどうかを判別しながら，話しているか？ ——————— 133
- ☐ Ⅲ-49　特別支援の必要な子どもを理解しているか？ ——— 134
- ☐ Ⅲ-50　特別支援が必要な子どもとまわりの子どもとの兼ね合いを考えているか？ ——————— 135
- ☐ Ⅲ-51　子どもが"学習内容を察する"教材提示を工夫しているか？ ——————— 136
- ☐ Ⅲ-52　座席替えを「くじ引き」ばかりで決めていないか？ ——— 137

- ☐ Ⅲ-53 座席と教育的効果の関係を理解しているか？ ——— 138
- ☐ Ⅲ-54 座席替えの重要性を認識しているか？ ——— 139
- ☐ Ⅲ-55 座席替えの意味と意図を，子どもたちに語っているか？ — 140
- ☐ Ⅲ-56 座席替えに年間の"戦略"をもっているか？ ——— 141
- ☐ Ⅲ-57 座席替えが，大きな教育的効果や害悪を生むことを
  認識しているか？ ——— 142
- ☐ Ⅲ-58 子どもたちからのブーイングに妥協しないで，
  教育的効果を上げるための座席替えをしているか？ ——— 143
- ☐ Ⅲ-59 男女が仲よく考え合える座席替えをしているか？ ——— 144
- ☐ Ⅲ-60 特別支援の必要な子どもへの配慮をしながら，
  座席替えをしているか？ ——— 145
- ☐ Ⅲ-61 子どもが成長し合える座席替えをしているか？ ——— 146
- ☐ Ⅲ-62 宿題は毎日しっかりとチェックしているか？ ——— 147
- ☐ Ⅲ-63 宿題をしてこなかった子どもに，
  例外なく学校で宿題をさせているか？ ——— 148
- ☐ Ⅲ-64 宿題の量を考えているか？ ——— 149
- ☐ Ⅲ-65 自主的に家庭学習できるように配慮しているか？ ——— 150
- ☐ Ⅲ-66 学年の担任が複数の場合，
  ドリルのさせ方などを統一しているか？ ——— 151
- ☐ Ⅲ-67 宿題プリントやノートの添削は
  その日のうちに行い，返すようにしているか？ ——— 152
- ☐ Ⅲ-68 ノートやドリルは，定期的に点検しているか？ ——— 153
- ☐ Ⅲ-69 テスト前に必ず確認プリントをさせているか？ ——— 154
- ☐ Ⅲ-70 教師がテスト内容にかかわるところを
  事前に確認しているか？ ——— 155
- ☐ Ⅲ-71 子どもにテスト実施日を事前に告げ，テストのための
  勉強を家庭でしてくる習慣づけをしているか？ ——— 156
- ☐ Ⅲ-72 テストは早めに採点し，
  1週間以内に返すようにしているか？ ——— 157
- ☐ Ⅲ-73 テストを返す際に，答え合わせをしっかりとしているか？ — 158
- ☐ Ⅲ-74 テスト直しで子どもがテスト内容を
  答え合わせで理解できたら，100点を付けて返しているか？ — 159

Ⅳ 「給食の時間」に対する危機管理 ———————— 160

- [ ] Ⅳ-1 学級の子どもたちの
  食物アレルギーの品目を確認しているか？ ———— 161
- [ ] Ⅳ-2 食物アレルギーのある子に, 自分の食べられない品目が
  出たら言うように指導しているか？ ———————— 162
- [ ] Ⅳ-3 給食の始まりに必ず学級にいるようにしているか？ —— 163
- [ ] Ⅳ-4 配膳中も教室内の子どもの動きに目を配っているか？ — 164
- [ ] Ⅳ-5 学級で一番最初の給食配膳は, 先生用にしているか？ — 165
- [ ] Ⅳ-6 給食時の席を安易に「自由席」などにしていないか？ — 166
- [ ] Ⅳ-7 教師は自分の席で給食を食べているか？ ——————— 167
- [ ] Ⅳ-8 給食の配膳の量に目を配っているか？ ——————— 168
- [ ] Ⅳ-9 給食の「いただきます」の前に
  苦手な食べ物の量を減らす時間をとっているか？ —— 169
- [ ] Ⅳ-10 苦手な食べ物の量を減らす場合は
  「半分まで」などとしているか？ ————————— 170
- [ ] Ⅳ-11 「減らした子どもはおかわりできない」などの
  正当なルールを作っているか？ ————————— 171
- [ ] Ⅳ-12 食事中の子どもたちの会話や様子に注意を払っているか？ – 172
- [ ] Ⅳ-13 後片づけの最後まで目を配っているか？ ————— 173

Ⅴ 「休み時間」に対する危機管理 ———————————— 174

- [ ] Ⅴ-1 休み時間は, できるだけ子どもを
  見渡せるところにいるか？ ———————————— 176
- [ ] Ⅴ-2 ふだん静かでほとんど目立たない子に声かけしているか？ – 177
- [ ] Ⅴ-3 子どもたちの遊びや友達関係を客観的に見ているか？ — 178
- [ ] Ⅴ-4 休み時間に教室で
  子どもに見られてはいけない作業をしていないか？ —— 179
- [ ] Ⅴ-5 休み時間に特定の子どもたちとだけ遊んでいないか？ — 180

Ⅵ 「けがの防止」に対する危機管理 ———————————— 181

- [ ] Ⅵ-1 けがを起こさないための教室環境づくりが
  最大限できているか？ ——————————————— 183

- ☐ Ⅵ-2　各教科の学習での危険な活動を理解しているか？ —— 184
- ☐ Ⅵ-3　理科の実験では，実験中に教科書などをしまわせているか？ —— 185
- ☐ Ⅵ-4　体育では，子どもたちに守らないといけないことを事前に伝えているか？ —— 186
- ☐ Ⅵ-5　体育では，準備運動を必ずしているか？ —— 187
- ☐ Ⅵ-6　子どもたちの遊びで危険につながるものを察知しているか？ —— 188
- ☐ Ⅵ-7　学校の「けが対応マニュアル」があるか？それを読んでいるか？ —— 189
- ☐ Ⅵ-8　けがの発生やその後の対応について，管理職に報告・相談しているか？ —— 190
- ☐ Ⅵ-9　けがについては，必ず保護者に事故の経緯を知らせているか？ —— 191
- ☐ Ⅵ-10　けんかなどの加害者がいるけがについては，必ず管理職に報告・相談し，指示を受けているか？ —— 192
- ☐ Ⅵ-11　加害者があるけがについては，加害者の保護者にも連絡しているか？ —— 193
- ☐ Ⅵ-12　加害者の保護者へは，事実のみを報告しているか？ —— 194
- ☐ Ⅵ-13　加害者の子どもの保護者への対応も丁寧に行っているか？ – 195
- ☐ Ⅵ-14　加害・被害の子ども同士が，謝罪するなどの話し合いの場を慎重に行っているか？ —— 196
- ☐ Ⅵ-15　他人を傷つける行為を未然に防止するための子どもへの働きかけはしているか？ —— 197
- ☐ Ⅵ-16　ささいなことが大きな事故につながることを子どもに語っているか？ —— 198
- ☐ Ⅵ-17　教室で走り回っている子どもを注意しているか？ —— 199
- ☐ Ⅵ-18　帰りの会で，下校途中にしてはいけないことを確認しているか？ —— 200
- ☐ Ⅵ-19　落ち着いた雰囲気で下校させているか？ —— 201

Ⅶ 「事務処理」に対する危機管理 —————————— 202
- ☐ Ⅶ-1 校務分掌で自分の担当する仕事内容を理解しているか？ —— 203
- ☐ Ⅶ-2 校務分掌の自分の担当する仕事を
  相談しながらしているか？ ————————————————— 204
- ☐ Ⅶ-3 校務の仕事でわからないことを聞ける関係はあるか？ —— 205
- ☐ Ⅶ-4 校務分掌の仕事を授業中にしてはいないか？ ——————— 206
- ☐ Ⅶ-5 学校全体にかかわる計画や仕事を，
  見通しをもって行えているか？ ————————————————— 207
- ☐ Ⅶ-6 起案を必ず行い，管理職から見てもらっているか？ ——— 208
- ☐ Ⅶ-7 子どもの成績は，2か所に集中管理しているか？ ————— 209
- ☐ Ⅶ-8 事務処理できる時間の見通しをもって，
  一日を始めているか？ ————————————————————— 210
- ☐ Ⅶ-9 通知表は，必ずチェックをして
  早めに所定の場所に置いているか？ —————————————— 211
- ☐ Ⅶ-10 子どもが持ってきた申込書や現金は，
  必ず教師に手渡すように促しているか？ ——————————— 212

Ⅷ 「服務・勤務」に対する危機管理 —————————— 213
- ☐ Ⅷ-1 教育公務員であることを自覚しているか？ ———————— 214
- ☐ Ⅷ-2 毎日の生活をまじめに過ごしているか？ ————————— 215
- ☐ Ⅷ-3 何事も他の人に迷惑をかけずに
  こまめにしようとしているか？ ————————————————— 216
- ☐ Ⅷ-4 学校という組織で決まったことに従っているか？ ————— 217
- ☐ Ⅷ-5 教師として行っていることが，合法かどうかを考えて
  子どもの指導にあたっているか？ ——————————————— 218
- ☐ Ⅷ-6 「人の目」を考えて行動しているか？ ——————————— 219

Ⅸ 「心の安定」に対する危機管理 —————————— 220
- ☐ Ⅸ-1 自分の趣味はあるか？ ————————————————————— 221
- ☐ Ⅸ-2 気を紛らわす自分の方法はあるか？ ———————————— 222
- ☐ Ⅸ-3 自分の愚痴を聞き流してくれる相手はいるか？ ————— 223
- ☐ Ⅸ-4 語り合える仲間はいるか？ —————————————————— 224

- [ ] Ⅸ-5　教育に対する「理想」をもっているか？ ─────── 225
- [ ] Ⅸ-6　教育の「現実」をよく見ているか？ ───────── 226
- [ ] Ⅸ-7　「まあ，いいか」の精神をもっているか？ ─────── 227
- [ ] Ⅸ-8　「子どもといることも悪くない」と思えるか？ ───── 228
- [ ] Ⅸ-9　自分のやりたいことを形にしようとしているか ───── 229
- [ ] Ⅸ-10　人と一緒にいることに嫌気がさしていないか？ ──── 230
- [ ] Ⅸ-11　「自分はこういう教育をしたい」という
　　　意志をもっているか？ ───────────────── 231

終章　理想を生かす戦略力を高める
　　　──**勝負できる自分の「見方・考え方」を養うこと** ── 232
　もう「HOW TO」だけでは，生きられない！ ───────── 232
　今こそ，教師は「見方・考え方」を大切に！ ───────── 233
　今，学級担任に求められるもの，
　　それは「戦略的教師」であること ─────────── 235
　教師は，「狭間」の中で生きている ─────────── 236

　おわりに ──────────────────── 238

【本書を読むにあたって】

　本書は，教師の「見方・考え方」を問う本である。ここに問題解決の「HOW TO」が事細かに書かれているのではない。しかし本書は，今の学校で，教師が学級担任になった際の危機管理意識を考えていくための本であり，「学級崩壊」「いじめ」「教師の精神疾患」などの諸問題を起こさないようにしていくための予防的な心構えを書いた本である。「なってからでは遅い」。事前にどれだけ危機意識をもち，子どもや保護者，同僚と接していけばよいかを考えるためのものである。

　Ⅰ章からⅨ章まであるが，一項読み切りのかたちで書いてある。なかには，重複して書いてある内容もあるが，どこからでも読み進めることができるように，また，ちょっと開いて簡単に意図が伝わるように，あえてこのかたちにした。教師は忙しいのが常である。その中でも，さっと開いてすぐに読み込めるよう，配慮したつもりである。

　また，各項の最下段には，以下のような項目を設けた。
［例］

> □嫌気がさしたら，事を忘れて鈍感になる自分をつくる

　これは，学級担任として

　　すぐ実行した方がよいもの……◎
　　いますぐでなくてもよいが，必ず実行した方がよいもの……○
　　この意識をもち続けて経過観察をした方がよいもの……□

というくくりで，学級担任が危機管理をしていく際のポイントを記したものだ。

　さらに，読者が自分自身でチェックするために，本書の目次をチェックリスト形式にしたほか，各ページごとに
　　　□できている
というチェック欄を設けた。活用していただきたい。

序章 学級経営における柔軟性と信念
―― 教師のあり方と「不易」と「流行」を求めて

今，なぜ学級担任の危機管理なのか

 先ごろ，ついに埼玉県の女性教諭が，「度重なる理不尽なクレームを受けて不眠症になった」として保護者を訴える裁判を起こした。これは，まさに時代の変わり目を物語る出来事として，教育史に強く刻み込まれるはずである。事の内容はどうであっても，事実としてここまでに至っているのである。

 「モンスターペアレント」という言葉も昨今，知らない人はいないくらい知名度を上げた。一時期までマスコミは「学校が悪い」「学校の考え方が古い」とばかりに常に学校を悪者扱いしてきた印象がある。一部の常識のない，度を越してわがままな親たちの存在にようやくマスコミも気づいてからは，こぞって取り上げるようになった。

 時代の流れにともなって，学校を取り巻く環境は大きく変わってきている。先にあげた「モンスターペアレント」への対応は教師たちを悩ませている大きな問題となっている。またそうでなくとも，保護者の意向というものを，学校は以前とは比較にならないほど重視しなければならないというのが，現在の学校を取り巻く状況である。

 しかし，時代の変化に対応しながらも，教師は教育のプロとして自分の理想を貫く覚悟が求められるのではないだろうか。これが教育現場における「不易」と「流行」の一つのあり方であろうと私は考える。

 「不易」な部分は，これまでの多くの先達による著作などで知られている教育観や教育理念である。「流行」とは，今の時代だからこそ

必要な、教育のあり方やその処方の仕方などである。じつは今の学校が抱える本当の闇の部分は、この教育の「不易」と「流行」の狭間の部分なのである。この闇の部分を教師にしっかりと指南してくれる書物は、ほぼないと言ってよい。時代の中で有名になった教師が、自分の授業や授業観をこれみよがしに書いているものが多い。そのような本は、研究授業の時にしか使わない。また、そのような本とは縁遠いという教師も多くいる。名声を得たいと頑張って、自分の実践を売り込んでいる若い教師もよく見かける。「こんな教育でいいのか、もっと遊びの部分があっていいのでは」と思っているベテラン教師もいる。「『教師は人情』『人にやさしく、自分に厳しく』——これが座右の銘です」などといわゆる浪花節を聴かせる教師もいる。

　「上昇志向」の若手教師と、もうなんの喜びも感じない浪花節的ベテラン——どちらもまずいと思う。私たち教師には、もっと時代をとらえ、自分の考え方を、教育の「不易」と「流行」をしっかりと具現化するために身に付けなければならない知恵があるのではないか。教師は俊敏に時代をとらえ、教育の「不易」を上手に、たとえ相手が「モンスター」であっても伝えなければならないのである。なによりも教師には、未来を生きる子どもたちを自立させていくための教育を施す大切な使命があるのだ。教師は時代を見据えた良識者でなければならない。

　今、なぜ、「学級担任の危機管理」が大切かということに答えるなら、私たち教師は、以前よりずっと「時代をとらえる力」をもって教育に携わらなければならなくなったからだ。目先の名誉や保護者のご機嫌取りだけでなく、教育の本来もつ意味をしっかりととらえ、「こっちから押してもダメなら、そっちから」「そっちがだめなら、あっちがある」というように、それをあの手この手でわからせていく。それぐらいのしたたかさと未来をつくる子どもたちに対する誠実さをもって教育に携わるべきであろう。

　今、学級担任が危機管理できなければ、学校は転覆する。間違いな

い。転覆していない学校があるなら，その学校にはまだ良識者がいて，その人たちの時代をとらえる知恵で学校がもっているのである。

学級崩壊を防ぐために

　私たち小・中学校教師は，生活者である。子どもと常に生活を共にする生活者である。

　他の職業，たとえば，芸術家やプロスポーツ選手などとは違う。彼らは一瞬で自分の成果を出し，それで報酬を得るのだ。それまでは常に練習や制作活動に明けくれる。また，企業や工場に勤める人たちとも違う。企業や工場に勤める人たちは，大人を相手に，また機械などを相手にして自分の仕事時間を売るかたちで報酬を得る。だから，昼休みは自分で好きなことにあてることができる。しかし，売れない物を作ることは許されない。すべて利益に準じて報酬が決められる。同じ教師であっても，大学や高等学校の教師は，学生や生徒がある程度自分の動き方を知って行動するために，細かな生活面まで面倒を見る必要もない。自立している個人とつきあうことが多く，授業時間だけ，自分の専門だけに力を入れられる。

　しかし，私たち小学校教師や中学校教師は，これらの仕事とはまったく異なる。私たち小・中学校の教師の追求する「利益」は，他の仕事でいう「利益」とは根本的に違う。私たちが追求するべき「利益」は，教育的・人間的利益，つまり人として，どう生きていくかをよりよく追求することにある。

　また教師は，子どもの登校時から下校時まで1分たりとも気が抜けない。特に最近は，さまざまなことが一瞬で大きな危機状態になることも少なくない。たとえ給食中であっても，子どもが誤飲したり，食物アレルギーで中毒の発作を起こしたりすることもある。教師は，学校にいる間，常に危機意識をもって子どもたちを見続けなければならないのだ。また，保護者への説明責任や子どもの登下校時の不審者へ

の対応など，子どもを取り巻くさまざまな状況下で，最悪の場合を想定し，行動しなければならないという気づかいが常につきまとう。

その中で，学級担任は最低でも1年間，1つのクラスを運営していく責任がある。1年365日，朝から夕方まで，こちらの落ち度がないようにクラスを運営しなければならない。新採用1年目であっても，どんなに精神的に疲れた時であっても，その緊張感と常に対峙できる教師でなければ，学級担任はできない。ちょっとした気のゆるみが，子どもたちの学級担任への不信感を呼び起こしたり，保護者の反発を招いたりするからだ。「わからなかった」という言い訳で逃げることもできないのだ。

だからこそ，教師としての気概と信念が必要なのである。それがなくなった教師は，もうクラスをもてなくなってしまう。今，精神疾患で休む教師が増えているのは，教師としての"信念"がわからなくなり，子どもの前に立ち続ける"気概"が失せてしまったためであると言っても過言ではない。ただ，その方々のために一言だけ弁明をさせてもらうとすれば，「時代がわからなくなった」と言おう。古き良き時代がもっていた「おかげさまで」という意識は，今の日本にはほぼなくなってきた。また親や祖父母は，わが子やわが孫を溺愛する。子どもに対する愛情は，もはや無限大に大きくなり，愛情よりも愛着になっている感もある。加えて，「価値観の多様化」という聞き心地のよい言葉とは裏腹に，「何が正しいのか」明確に言えなくなった日本の社会が，そこに横たわっている。

しかし"学校"というのは本来，「共通の考え方」の上に成り立っていた最小のコミュニティであった。その学校の考え方も多様化し，学校が求めるべき共通の考え方が見えなくなってきた。このことが，教師たちを精神疾患に向かわせる最大の原因であると私は思う。

しかし，私はそこで問いたい。教師はそれでいいのか。そんなふうに見られる教師でいいのか。教師はそんなに時代の変化を感じられないのか，と。

教師は，時代を見極め，その時代を生きる子どもたちの性格や心情，生き方を育てていかなければならないのではないか。そのためにも，変わっていく社会のあり方を敏感にとらえ，子どもを指導していく力が，教師には絶対に必要なのだ。今の教師を取り巻く状況は確かに厳しいが，やはり教師はどんなところでも，どんな子どもにも，"学習"を保障する存在でなければならないのだ。

　「学級崩壊」は，ある意味，教師にとって屈辱的な状況であることは言うまでもない。ただ，この学級崩壊がどのようにして起こるかを考えることは，とても大切なことである。私が冒頭に述べた「小・中学校教師は生活者である」という一言は，学級崩壊の解決のヒントになる一つの考え方である。昨今，教科指導に優れた教師を発掘する「スーパーティーチャー」制度のように，優秀な教師を評価し，教師たちの頑張りを応援しようとする動きもある。しかしそれは，教師たちが努力していることのほんの一端にすぎない。すべての教師は常に子どもと向き合い，毎日の生活の中で臨床的に子どもの学習を成立させるために尽力しているのである。きらびやかな教師だけが脚光を浴びるのではなく，毎日の子どもたちとの生活の中で精一杯格闘している教師をこそ，讃えていきたい。また，静かに黙々と子どもとの日々を過ごす教師がもつ経験的知恵こそが，"学級崩壊"を起こさせないための最大の技術である。私は，このことを伝えていきたいのである。

職場の同僚や保護者の信頼を得るためには

　教師という職業は，とても不思議な職業である。企業に見られるような主任・係長・課長・部長……等の職階差がなく，基本的に教師の職階は，校長・副校長・教頭が管理職で，あとはすべて教諭という扱いで，階級的な大差がないのが教師という職業の一つの特徴である。ただ，教師として勤めるとわかるのだが，「この教師はできる」という，直感的な差はずいぶん感じるものである。それぞれが任せられたクラ

スや校務分掌はあるが，そこには一緒に勤めないとわからない差もずいぶんある。たいてい，できる教師ほど大変なクラスや大変な仕事をあてられるのが現在の状況である。管理職も危機管理上，リスクを背負いたくないのが本音である。また，これも不思議なことだが，できる・できないは年齢には関係がない。

　ではどうして，このような差が生まれるのだろう。人間性の違いといえばすべてになるのだろうが，私が思うには，「感じる点」の違いであろう。人の動きをとらえて，自分で動けるか否かを瞬時に判断できる感覚があるか否かが非常に大きい。教師は，テクニックも確かに必要であるが，その多くは，その教師の考え方から出てくるのである。どれだけの考え方をもっているかで「感じる点」は違ってくる。昔は，信念のある頑固一徹のような教師ももてはやされたが，今ではそのような考え方の教師ではやれない。逆に，信念もあまりはっきりと見られないが，子どもや保護者に好かれるために努力している教師も多く，サービス精神旺盛な教師も多い。

　ただ，それでいいのか，と私は常に考えている。そこでいつも考えることは，先にも述べた教育の「不易」と「流行」の問題である。私は，やはり信念のある教師でいたい。と同時に「時代を感じられる」柔軟な発想のある教師でいたい。この両方が大切であると思う。教育の「不易」と「流行」は，教育の本来の価値観や信条等を流行に合わせ，どのように伝えていけるかを考えるところに意味があるのだと思う。人として大切だと思う時には，岩のように動かず，自分の信念を曲げない。しかし一方で，今の時代をとらえて，より機能的なもの，より効果的なものを進んで使える教師になることも必要だと思う。

　職場の同僚に信頼され，保護者や子どもから慕われる教師は，教育の「不易」と「流行」をしっかりとわかって子どもと対峙し，教育と対峙している教師なのだろう。

日常における危機意識をどうとらえるか

　今の学校は，昔の学校とは全く違う。ちょっとした子ども同士のけんかに親が出てきて，こじれてしまうようなことも多い。学校でのけがについても，学校の管理責任を親が厳しく問うことが少なくない。それだけ学校の責任が明確になってきた時代だといえばよいことのようだが，そうとばかりも言えない。親も祖父母もわが子・わが孫だけが大事で，自分の子どものことだけを見ている。他の子どものことや学校のことを客観的に冷静に見ることができない大人が増えてきている。それが最近，より顕著になってきた。

　昔は子ども同士のけんかがあれば，互いの悪い点を教師が指摘し指導すれば，だいたいは解決したものだが，今はその時の教師の指導が気に入らないと，親が苦情を言ってくる。個人的にはとても嘆かわしい状況と感じているが，これが現実である。昔のような"けんか両成敗"など軽々しくできない。時によると，教師は事細かに事情を聴取して，状況を的確に把握してからでないと，めったなことは言えない時代になった。

　そんな今の時代だからこそ，「日常における危機管理」が一層重要となる。できるだけ事故が起きないように，できるだけ子ども同士がけんかしないように，教師はビクビクしながら教育活動を行っているのが，正直なところであろう。本当にこれでよいのかどうか。

　変にアメリカナイズされた訴訟社会化が進んでいる今，日本の学校のもっていた古き良き文化もどんどん失われ，どうしたら責任をとらずに済むかだけを考えて，萎縮している面も大いにあると言わざるをえない。管理職をはじめ，ベテランの教師が冒険を恐れて小さくまとまろうとする教育を行っている今，若い教師はできるだけミスをしないように心がけるだけでやっとである。本来の教育では，「子どもは失敗して成長する」などと言ってはいるが，教師自身が今や小さな失

敗すらも恐れて,できるだけかかわらないように,できるだけ自分に非があると言われないようにしている時代である。このことは,とても残念なことであるが,今の時代がそうさせているところもある。

そこで,日々の教師の危機管理の仕方が問われてくるのである。学校では今,事を荒だてないためにさまざまな手だてが講じられている。しかし大きく語られることはない。たとえば,家庭訪問はなくなり,連絡網の電話番号は,クラスのすべての子どもの分を載せない。なかには,教師の自宅の電話番号すら教えない学校もある。行政的には,教師と子どもがもっとふれあえるようにと,さまざまな手だてを講じようとしているが,実際は逆の方向に向かっている。私は,正直なところ,教師と子ども,教師と保護者がもっと人間的にフランクなつきあいができてこそ,学校で子どもが先生と楽しく生活できるようになると思うが,現状はいかがなものか。

本来であれば,「おかげさまで」の精神で行ってきた学校でのさまざまな取り組みが失われ,子どもと教師の心のふれあいまでも奪われかねない事態になっている。私は,こんな現状に一石を投じるとともに,これから教師を志そうとする人たちが,せめて理想の教育を追うことができるよう,学級担任が押さえておかなければならない,学級担任の危機管理の仕方をわかりやすく伝えていきたい。

I 「いじめ」に対する危機管理

 「いじめは，許しがたい一種の犯罪である」――あなたは，教師としてこの認識があるだろうか。「まあ，そのくらいは目をつぶろう」という認識に立っていないか。もしそうであるなら，あなたは教師として「いじめ」に対する危機管理意識が低いと言わざるをえない。

 今の時代，教師が「いじめ」を認識していた場合はもちろん，仮に「いじめ」を認識していなかった場合であっても，事が起これば教師の対応が問われることとなる。もしもの事が起こった場合には，教師人生をも左右しかねない問題へとエスカレートすることは，周知のとおりであろう。

 ならば，教師の「いじめ」に対する危機管理とは，どうあればよいのだろう。今の時代，「わからなかった」「認識できなかった」では済まされない。だからこそ，まずは事前の予防的対応が大切になってくる。

 教師が一貫してどういう態度で子どもたちに向かうかは，大変重要なことである。学級の中の雰囲気づくりや，子ども同士の会話，また教師の授業における言葉づかいや子ども一人一人への態度，勉強のできる子どもへの教師の姿勢，あまり勉強が得意でない子どもへの教師の言葉かけ等々。多くの場面に子どもたちの「いじめ」を誘発する要因が潜んでいる。たとえば，体育のマット運動の授業で，後転ができない一人の子どもに，みんなの見ている前で「こうなってはいけない」という見本として演技させる

ことは，いかがであろう。私なら，できない例は，教師が見本としてやって見せ，どこをどうするとよいかを子どもたちに伝える。そして友達同士で見合って直させていくかたちをとる。なぜそのようなかたちをとるかというと，子どもにはよいものをまねしてほしいという思いがあること，教師が演技を見せることでポイントをよりわかりやすく伝えられること，そしてなによりも，できないのに人前で演技をさせられるという辛さを子どもに味わわせたくないということがある。

　本当に小さなことのように見えるかもしれないが，教師がこのような配慮をできるかどうかが，ときに「いじめ」の芽を伸ばすか止めるかを左右する。先の例にあげたように，一人の子どもに集中的に恥をかかせるような指導は絶対にしてはいけない。そうではなく，協同的な活動を通して互いに支え合う風土を学級にはぐくむことこそが，教師の手腕の一つである。

　そのためには，教師はまず「いじめ」に対する考え方に一貫性をもたないといけない。また，自分のつくりたい学級の雰囲気のビジョン（理想）とそこへ至るための教育活動におけるストラテジー（戦略）が必要になる。細かな場面では，毎日起こる子ども同士のトラブルを冷静に，適切に処理していく能力もそなえておかないといけない。そのためにも教師は，子どもたちのあらゆる行動や言葉，表情や目線などにも気をつかえる人でないといけない。

　「いじめ」を誘発するか否かは，大きくは「人を思いやれるか否か」にかかっている。その意味では，教師の「人を思いやる心」の有無が，学級の子どもたちの態度にあらわれてくると言っても過言ではない。

できている □

I-1 「いじめ」の定義を正しく認識しているか？また、どのように子どもたちに伝えているか？

　「いじめ」とは、「子どもが一定の人間関係のある者から、心理的・物理的攻撃を受けたことにより、精神的な苦痛を感じているもの」であり、「いじめか否かの判断は、いじめられた子どもの立場に立って行うよう徹底する」べきであるとされる。これが2007年に文部科学省が示した「いじめ」の定義である。言葉が抽象的な面もあるが、一番大切なことは、「人を傷つけない」ということである。

　私は、新年度になると必ず、子どもたちに伝えていることがある。それは、「先生が叱るときは、友達の体、もしくは心を、わざと傷つけたときだ」ということである。このことで、この１年間の学級担任の子どもに向き合う姿勢をはっきりと示すとともに、子どもたちに「いじめをしたら叱られる」という思いを必ず抱かせるようにしているのである。学級担任のこの強い姿勢が子どもにしっかりと伝われば、その後の指導はしやすくなる。しかし、最初の子どもの「いじめ」の姿を見逃したり、指導ができないでいると、必ず「いじめ」はより大きなものになってくる。

　プロのサッカー選手は、試合中の審判の最初のファウルのホイッスルによって、その試合の中での"ファウルの仕方"を考えるといわれている。このことは、学級の子どもたちと学級担任にも、十分当てはまることである。学級担任が年度当初、子どもたちの姿をしっかりと見て、きちっとした判断を下すことができるかどうかは、子どもたちのこれからの学校生活での態度の違いとなって現れてくる。だからこそ、学級担任が「いじめ」をどのように認識し、それを年度当初に、子どもにどのように伝えているかが、とても重要なのだ。

○「いじめ」の定義を子どもに伝える　□子どもの問題行動の観察

□できている

I-2 子どもの気質や性格を,早めにとらえているか?

　学級には,けんかっ早い子やおとなしい子,そそっかしい子,慎重な子など,さまざまなタイプの子どもがいる。学級担任はできるだけ早い時点で,学級の子どもの気質や性格をとらえておかなければならない。それは,子ども同士のトラブルや事故を防ぐとともに,トラブルなどが起こった場合に適切に対応できるようにするためでもある。私は,子どもの気質や性格を早く知るために,次のことをしている。

①**年度当初の前担任との丁寧な引き継ぎ**

　以前に起こした事件や事故,またふだんの様子など,細かな面を聞いておくとよい。子どものことについては,聞いておいて絶対に損はない。聞けば聞くほど,その子を見る時の視点が多くなるのだから。

②**年度当初はできるだけ学級を離れないこと・目を離さないこと**

　年度当初の早い時期は,まだ子ども同士も慣れていない。だから,何が起こるかわからない。少しでも目を離した間に事故やけがが起こることもある。また,常に学級担任が学級にいることで,休み時間の子ども同士の動きや子どもの会話の仕方など,「いじめ」につながりかねないさまざまな子どもの行動もとらえることができる。

③**できるだけ子どもたちと会話をすること**

　これは,子どもからの情報を多く得るためである。じつは,子どもからの情報は意外と信憑性が高い。休み時間などに子どもと会話することで,信頼関係を築いたり,子どもの情報を得たりすることは,「いじめ」につながる危機管理のために重要な手だての一つである。

◎子どもとの会話
□問題行動の多い子の言動の観察

できている □

I-3

学級の子どもの遊びの傾向は把握できているか？

「いじめ」への危機管理においては、子どもの遊びの傾向をつかむことも重要である。その子がどんな友達とどのように遊んでいるか、どんな会話をしているかなど、見ておかなければならない点はいくつかある。また、その子が本当に遊びたい相手と遊べているのかなど、遊びの中で子どもが考えていることや思っていることなども、子ども同士の会話や教師との対話、質問紙などで見ていくとよい。最近では、子どもの学級での満足度を測るＱＵ調査などの質問紙もあるので、参考にするとよいだろう。

遊びの傾向の把握は、以下のように行うといい。

○遊びの内容、遊びの仲間、遊び時間……質問紙（アンケート）
○実際の遊びの様子……休み時間などの観察や子ども同士の会話
○遊びを通しての意識や悩み……ＱＵ調査や教育相談の時間、自由記述式アンケート、子どもとの直接対話

また、もう一つ重要なことは、子どもたちの下校後の交友関係やその遊び方である。意外と広い範囲で行動していたり、中学生と一緒に遊んでいることが多かったりする子どももいる。やはり時々、子どもたちに下校後の過ごし方を聞いてみることも必要である。携帯電話の有無や土日の過ごし方なども聞いてみると、その子どもの遊びの傾向がつかめてくる。

このことは、遊びから始まるトラブルの原因に敏感になれるだけでなく、「いじめ」の未然防止のための方法としても重要である。

○質問紙による意識調査
○下校後の遊びの傾向把握

Ⅰ 「いじめ」に対する危機管理

□ できている

I-4
学級の子どものじゃれ合いを"読む"ことができるか？

　休み時間になると、子どもが教室で走り回ったり、じゃれ合ったりしていることがある。じつは、じゃれ合い、ふざけ合いから、「いじめ」の芽が始まっていることも多い。事が終わって誰かが心や体に傷を負った後に関係者に話を聞くと、子どもは「はじめは遊び半分でやっていたんだけど、○○さんが『こうするともっと面白いよ』って、だんだんエスカレートして……」といったことを話すことが多い。

　大切なことは、「じゃれ合い」や「プロレスごっこ」などの内容がどのような危険な状況を生み出すことになるかを、教師として予想できるか否かである。参加している子どもの気質や性格、遊びの方向性、使っている言葉などで、その遊びを注意深く見ていく必要があるか否かを瞬時に読み取らなければならない。教師には、このように子どもの「じゃれ合い」を"読む"力が必要なのだ。

　また、ただの「じゃれ合い」がだんだんと「いやがらせ」へとつながる心理的な面も見逃すことはできない。たとえば、片方がふざけた感じで逃げて、もう片方は真剣に怒っている状態ならば、ただの「追いかけごっこ」と見てはいけない。必ず止めて事情を聞くべきだ。

　その意味で、「じゃれ合い」「追いかけごっこ」「プロレスごっこ」などは、「いじめ」への序章として、意識的にその芽をつみ取っていく必要がある。そのために、最低でも「必ず事情を聞く」ことである。そして、ときによって仲裁したり互いの言い分を伝えさせること、危険状態に陥る可能性があることに気づかせることが必要となる。

◎「じゃれ合い」から起こる危機状態を伝える
□「じゃれ合い」などの学級の様子を観察する

できている □

I-5
学級の子どもの言葉の荒れに気づいているか？

　子どもの使う言葉は，時代を反映している。また，それだけではない。会話の中で使っている言葉や言葉づかいの様子で，その時の子どもの精神状態や友達との関係などもわかる。注意深く子ども同士の言葉づかい，声の強弱，会話の際の表情などを見ることで，その子の思いやそのグループの子どもたちの友達への不満などを感じ取ることができる。またなかには，教師との会話で自分の不満をぶちまける子どももいる。家庭や学校への不満などを，意外とはっきり伝えてくる子どもも多い。その際には，「うーん，そっかー。なんでそう思うの？」などとカウンセリングマインドを心がけて聞いてあげると，子どもたちの心理状態や今の境遇，不安や不満の状況などをしっかりと把握できる。

　子どもが教師に寄ってくるときは，それだけ教師に話したいことがあるからである。その際には，絶対に怒らず，その子どもなりのとらえ方を聞いていくようにしよう。そうすることで，子どもたちは「この先生は話を聞いてくれる」という好印象をもち，親近感をもつようにもなる。

　しかし教師は，寄ってくる子どもだけに向き合っているのではダメで，まわりにいる子どもたちが何を言っているか，どういう表情で話をしているかを見回していくことも大切である。そして，あまり教師に積極的に話しかけてこない"教師から遠い子ども"ほど声かけをして，言葉づかいなどから子どもの心理状態を読んでいかなければならないのだ。

○休み時間における子どもとの対話を心がける
○休み時間などの子ども同士の話に耳を傾ける

I 「いじめ」に対する危機管理

☐ できている

I-6
学級で物がなくなることへの予防はできているか？

　学級で誰かの物がなくなる。片づけ忘れや勘違いならばよいが、そうでない場合には、厄介なことにつながる。赤白帽子、体操着、靴など、学級の子どもの持ち物がなくなった際には、保護者にきちんとその経緯を伝え、理解してもらわないといけない。その場合は、誠意をもって何度も詳しく経緯を伝えていく必要がある。その後の処理の仕方についても保護者との細かいやりとりが必要で、それを一度きりの連絡にすると、保護者の教師への不信感を大きくする。

　このように、学級で物がなくなることは、さまざまなリスクを伴ってくる。だからこそ、そのための予防が必要である。具体的にどんな予防策があるか、あなたは考えたことがあるだろうか。

　私は、次のようにしている。

①できるだけ教師が教室にいること
②子どもの私物は、できるだけ人目につくところに置いておくこと（死角をつくらない）
③学校には自分の宝物や大切な物は持ってこさせない
④盗みや隠しの行為は犯罪であり、法律的にも重大な罰があることを、子どもたちに日ごろから知らせておく
⑤常に「正義感」を育てる教育活動をしていく

　細かい面ではその学校の立地や教室配置などに応じて考えることが必要だが、上記のようなことは、学級担任である以上、常に頭においておかないといけないことである。

◎子どもの私物管理の仕方を見直す
☐学校で必要のない物を持ち込んでいないかを確認する

できている ☐

I-7
学級で物がなくなったときの対応はできているか？

　もし学級で物がなくなったら、あなたは教師としてどのように対応するだろう？　その時の心構えはできているだろうか。

　学級で子どもの物がなくなったり、壊されたり落書きされたりした場合、一番大切に考えなければならないことは、被害者である子どもとその保護者のケアである。まずは、このことが優先である。必ず管理職に報告した上で、その後のケアに努めることが、教師として最大の償いである。落書きされたような場合は、その子どもの不信感と不安を取り除いてあげることである。と同時に、被害者の保護者に対して謝り、保護者の不信感を取り除くことである。その際、連絡帳で謝るのではなく、保護者と直接話すことを基本とし、今後こういうことが二度と起きないように約束する。これが、まず学級担任がすべきことである。

　次にすることは、こういう行為をするのはとても卑劣で卑怯なことであることを、学級全体に呼びかけることである。犯人捜しはするべきではない。私たちは警察官でもなければ、探偵でもない。私たち教師には、子どもの心に響くように訴えかけるしか方法はないのだ。子どもの心をふるわせ、子どもたちに正義感をもたせるための手だてを行うことこそが、なにより教師として、しなければいけないことである。もう二度とこのような悲しい状況を生まないことを心から子どもたちと誓うとともに、教師は物理的にも精神的にもそのような悲しい状況を生まないための手だてを考え、実行するべきなのである。

◎被害者のケアをする
○学級全体に納得できる講話をする

Ⅰ 「いじめ」に対する危機管理

☐ できている

I-8 学級の子どもは，学校にいる間，自分が見続けようとする気概をもっているか？

　今の学校は何が起こるかわからない。そして事が起こった時には，昔と違って，穏便に済ませられるような時代ではなくなった。だからこそ大切なことは，学級担任である以上，自分の学級の子どもたちは自分ができるだけ見続けようとする意気込みをもつことである。

　子どもたちは，えてして大人の見えないところで事を起こしたがる。それは昔も今も変わっていない。しかし今は，たとえ教師が見ていなかったとしても，「学校管理下」という言葉でシビアに学校側の責任を問われる時代である。

　たとえば清掃中に，子どもが遊び半分でほうきを振り回していたら近くの子どもの目に当たったとする。目にほうきを当てられた子どもの親は，事の次第の説明を学校に求めてくる。学級担任は，たとえ現場を見ていなかったとしても事の次第を説明し，謝らなければならなくなるが，事がこじれれば裁判沙汰になり，損害賠償を求められることにつながらないとも限らない。だからこそ，学級担任はできるだけ子どもを見続けていこうとする姿勢が必要になる。

　とはいっても，すべてを見続けることなど不可能である。ただ，その場合でも「先生はうちの子どもをよく見続けていてくれた」という印象を親がもっていたのであれば，話し合いの内容がだいぶ違ってくることもありうる。できるだけ子どもから離れずに子どもの様子を見続けようとする教師の気概は，親にも伝わるものである。

◎子どもをできるだけ見続けようとする気持ちをもつ

できている □

I-9
学級の中で, "学級担任から遠い子ども"に配慮し, 声かけしているか?

　学級には多くのタイプの子どもがいる。進んで教師に話をしにくる子や, 友達と和気あいあいと会話をしている子がいる一方で, どちらかというとも の静かで, 他の子どもと一緒にいることが少ない子どももいる。こうした子どもは自分から教師に近寄ってくることも少ないため, 教師との距離が遠くなりがちである。このような子どもは, 「暗い」などと見られて他の子どもたちから敬遠されることもよく見られる。悪くすると「いじめ」の対象となることもある。本人自身も「学校生活が楽しくない」という思いで, 不登校傾向になる場合も少なくない。

　私は, 休み時間になると必ず, 一人でいる子どもに声かけをする。声かけだけでなく, 一緒に行える仕事を頼むことも多い。そして常にその子どもを教師の近くに置くように努めている。このことで, 他の子どもとふれる機会も多くなり, その子どものよさを他の子どもが知ってくれる機会も増えていくからである。仕事などを頼むことで, その子の自己有用感を育てていくことにもつながる。

　また, 朝などに必ず声かけをして, 昨日あった出来事を聞くことも有効である。その子の行動パターンやふだんの生活状況, 考え方などを知ることで, その子と話をする時の手がかりが広がっていく。

　"教師から遠い子ども"に配慮して声かけをすることは, 学級担任がいつも近くで見ていることをその子に知らせることでもある。そのことで, その子に安心感をもたせたり, 他の子どもたちからの「いじめ」を防いだりするねらいもある。

◎"教師から遠い子ども"に声をかける
◎心配な子どもは学級担任のそばに置くように心がける

Ⅰ 「いじめ」に対する危機管理

☐できている

I-10 けがを起こしそうな子どもの行動への配慮意識はあるか？

　危ない行動を平気でとる子どもや他の子どもに危害を加えそうな子ども，前担任からの申し送りで，さまざまな事件や事故を起こしてきた子どもの動きについては，より注意深く見ていく必要がある。特に休み時間の行動や，友達との遊び方，会話の様子などで，その子どもの危険な行動を誘発しそうなパターンをとらえていく必要がある。その上で，その行動をいさめていく声かけや，他の方向に意識を向ける方法を考えさせてあげないといけない。そのままの行動を野放しにしておくと，大きな事故などにつながる恐れもある。

　たとえば，よくあることだが，教室内で子ども同士で「追いかけごっこ」をしている。しかしそれが頻繁になると，静かに別の遊びをしている他の子どもたちに迷惑をかけたり，自分で転んでけがをしたりなどということになる。走ってきて他の子どもにぶつかり，ぶつかられた子どもが倒れて床に頭を打って，救急車で運ばれるようなことも起こりうる。このような場合，その後の処理は，大変難しくデリケートなものになってくる。被害を受けた子どもの保護者への説明や謝罪，加害者の保護者への連絡，子ども同士の仲直り，学校側の責任の取り方等々……。処理の仕方を少し間違うと，保護者の担任への不信感や保護者同士のいさかい，子ども同士による「いじめ」などにも発展しかねない。本当にデリケートに処理し，心を入れて対処しなければならないものとなる。だからこそ，未然に子どもの動きを予測して，事故をできるだけ誘発させないようにすることが大切である。

○危険な行動をとる子どもの行動分析
☐子どもの危険な行動に対する行動観察

できている ☐

I-11 日ごろから、学級の子どもたちに正義感について語っているか？

　ソーシャルスキルトレーニングやピアサポート活動を充実しようとする取り組みが、各学校で行われている。しかし、そのようなトレーニングや手法だけでは、根本的な「いじめ」の心は根絶できない。方法論ではなく、人間としての根本的姿勢を子どもたちに訴えかけていかないといけないと、私は日々の実践を通して感じている。その中で一番大切なことは、子どもたちに「正義感を育てる」ことである。

　「正義感」とは、「損得」とはまったく無関係にあるもので、現代に生きる大人に一番欠落しているものであると私は思っている。教師の中にも、自分の利害だけで物事を考えようとする人が増えてきた。保護者にも、ただただ「わが子がかわいい」というだけの意識の中で、人としての根本を育てようとする大人が少なくなってきているように感じる。その最たるものが、モンスターペアレントである。

　「学校の先生はだめだよね」とか「なんでもっと学校は○○してくれないの」などと子どもが言う場合は、たいてい家庭で大人がそういう言い方をしているのである。「いじめ」は、そのような中で起こる。

　まず教師自身が「正義感のある大人」になることだ。そして子どもたちに、「人として、してはいけない恥ずかしいこととは何であるか」を語り、正義感をしっかりと植えつけていく必要がある。じつはどんな手だてを講じるよりも、根本的信念をつくり上げることの方がどれほど大切なことであるかが、今の教育、今の社会ではあまり多く語られない。

　私は、子どもに「正義感」を語る時には、会津藩校の「什の掟」の話や、スポーツマンシップについて語られた逸話などをよく引用する。

◎「正義感」を語る　○教師の行為で「正義感」を見せる

I 「いじめ」に対する危機管理

□ できている

I-12
日ごろから，子どもに「社会の仕組み」について語っているか？

「先生の話，すぐ脱線するけど面白い」などと子どもが言うことがある。それは，子どもが社会の意味やその裏側を知りたいという思いをもち続けていることの証拠でもある。ただ教科書の内容を教えるだけの場合と，その学習内容の社会的な意味や背景などを伝えながら教える場合とでは，子どもたちの学習に対する意欲が違う。子どもたちは，その学習内容がどのように社会で生かされているかを知ることで，学習内容への親近感や学習の意味を感じるのである。社会の構造をわかりやすく伝えていくことも教師の大切な責務であり，そのことが子どもたちの知的好奇心を高めることにもつながる。

「社会の仕組み」を教えることには，「してはいけないこと」にも「社会の仕組み」があることを伝えていくことも含まれる。たとえば，「人の物を盗る」ことは窃盗罪として懲役刑に当たる。人を傷つければ傷害罪であり。人にいやなことを言って恐怖に陥れたら脅迫罪になる。社会では，してはいけないことをしてしまった時に受ける罰について厳しい規定があることも，子どもたちに伝えていく必要がある。その場合，私がもう一つ子どもたちに伝えたいことは，「だからこそ，そうした行為をされたら我慢せずに言いなさい」ということである。人はそれだけ法律によって守られているのである。そのことを知ることによって，「誰かが助けてくれるから言おう」という意識をもてるようになるだろうし，「この先生は助けてくれる」という安心感を子どもたちに抱かせることにもつながる。

◎社会で「してはいけないこと」を伝える
○学習内容と「社会の仕組み」との関係を，折にふれ伝える

できている □

I-13
日ごろから,いやがらせの行為をしていくとどうなるかという "責任"について語っているか?

　高学年の女子などによくあるが,「ひそひそ話」や「陰口」などは,している子どもたちはそれほど悪いことであるという認識はもっていない。教師が注意でもしようものなら,「なんでそんなこと言われなきゃいけないの?」という顔をする子も少なくない。しかし,このような学級には「いじめ」の構造が成り立っていてもおかしくない。教師のセーブがきかない,子ども自身に「正義感」が育っていない,もっと言うと,こういう学級は,我慢強く学習に取り組むことが苦手な子どもも多いはずである。ではどうすればいいだろう。

　私は日ごろから子どもたちが冷静に話を聞ける時に,人がいやがることを続けることが「いじめ」で,それが犯罪や大きな事件にもなりかねないことを,具体的な例を交じえながら話している。その上で,なぜ「こそこそ話」がよくないかなどといった話をする。

　大切なことは,まず折にふれて話すということ,子どもたちが冷静に聞ける時に学級のみんなの前で話すこと,そして,そのいやがらせ行為がダメだというだけでなく,なぜダメなのかという理由や事実と照らし合わせた内容を伝えることである。

　ただし,学級で「いやがらせ」行為など何も起こっていないのに,あえて教師が「いやがらせ」行為のことを語ると,かえって「眠っていた子どもを起こす」ような状態にもなりかねない。その意味でこのような話は,学級で「いやがらせ」行為が出てきた時をとらえて伝えていくなど,タイミングと迅速さが必要である。

○「注意」よりも「講話」をしていく
□「いやがらせ」行為の有無の観察

I 「いじめ」に対する危機管理

☐ できている

I-14 学級の子どもが教師の語る真意を感じ取れているか否かの判断ができているか?

「廊下を走らないように!」といった話を教師がすることがある。「廊下を走ったらどういう事故になるか」といったことを子どもたちに尋ねたり詳しく伝えたりもする。しかしその時間が終わり、休み時間になると、すぐにサッカーをしにいくために廊下を走る子どもが出てくるものである。これは何も学校だけではなく大人の社会でもありうることだが、こうした時に教師がどういう指示ができるか、どのような雰囲気をつくっていけるかが大切になる。

たとえば、子どもたちは体育の授業が終わったりすると一目散に教室へ帰ろうとする。教師は「静かに歩いて帰るように!」と言う。しかし子どもたちは、授業終了の言葉が終わると一斉に走り始める。しかしそこで、「あいさつが終わったら、1・2・3と心の中で数えてから歩き始めましょう」と教師が言うだけで、すっと子どもたちの雰囲気はやわらぎ、ゆっくりとした動きで教室へ向かう。

教師は常に、言ったことを子どもがわかっているか否かを判断し、次にそのことがよりよく履行されるための手だてをもっている必要があるのだ。言っただけでわかってもらえるなら、教師の仕事は誰にでもできる。子どもを動かす難しさは、いかに心と体で物事の意味を理解させ、行動に移させるかということにある。そのための教師の手だては、子どもの姿を見ながら自分のやり方を会得していく中で培われる技術であると言ってもよい。

○子どもの行動を変えさせる技をもつ
☐子どもの行動から理解度をチェックする

できている □

I-15
親や子どもからの訴えをできるだけ早く確認しようとしているか？

　「いじめ」の被害の訴えなどがあった場合に一番大切なことは，迅速かつ正確に事実を確認することである。被害者の子どもや加害者の子ども，近くにいた子どもなどから聞き取りをし，できるだけ複数の事実のすり合わせをする必要がある。また，聞き取る側の態勢も，後述するように，複数の教師で確実に事実を確認することを原則とするべきである（→I-18）。

　その上で，聞き取った事実をもとに管理職に報告し，次の指示を仰ぐ。それから保護者などへの説明となる。加害者の子どもから被害者の子どもへの謝罪は，保護者への説明の前に行っていると，被害者の子どもの保護者としても安心感が出てくる。

　一番困ることは，加害者の子どもの保護者への連絡である。私もこのことには今でも絶対的な自信はない。ただ加害者の子どもには，必ず保護者に伝えるように言ってから帰宅させるようにしている。こうすることで，教師としては指導をしたことを加害者の子どもの保護者に伝わるようにしたという事実はできる。ただし，子どもがそのことを言わない場合もある。その場合は，翌日でも保護者に話をする。学級担任が，加害者の子どもの保護者に連絡するか否かは，管理職や学年の教師と相談して決める方が無難である。

　いずれにしても，「いじめ」が発生した場合には，被害者の子どもの思いをしっかりと受け止め，正確で迅速な対応を図らなければならない。このことが，保護者からの信頼を得るためにも大切である。

◎「いじめ」の事実に対し，正確で迅速な聞き取りをする
○事実確認後の報告を必ず行う

□できている

I-16
「いじめ」の訴えがあったことを，すぐに同僚や管理職に報告しているか？

　「いじめ」の訴えがあったことを，すぐに学年主任や同僚，管理職に報告しているだろうか？　このことは当たり前のように思えるが，「いじめ」を確認しても「自分の指導が悪くてそうなったのではないか」とか「自分で解決しよう」という考えも出てきがちなものである。しかし，必ず同僚や管理職に内容を伝えることが肝心である。そのことで，自分には気づかない解決の方法を提案してもらえたり，相談することを通して自分の解決方法を確認することにもつながる。

　　「いじめ」の解決対応は，複数職員で対応する！

　この言葉を常に心に置いておくことが重要である。今の時代，「いじめ」はいつでもどこでも起こるという認識のもと，隠さずに取り組もうとする姿勢こそが，必須のことである。

　「いじめ」の解決には，「チームで取り組むこと」が重要である。学級担任だけでなく，学年の教師，生徒指導主任，管理職，ときにはスクールカウンセラーも総動員して，解決に向かっていくことが必要になる。教師集団はチームである。なぜかチームの勢いが増してくると，そこにいる子どもたちも伸びてくるものだ。「いじめ」のような難しい問題を解決していくことを通して，その学級担任にとっては，貴重な学びを他の教師たちから得る機会ともなる。卑屈にならず，自分のいるチームを信じていくことが大切である。「ピンチはチャンス」という言葉がある。「いじめ」の訴えを報告することは，教師が心を開くことでもある。そこからチャンスが生まれてくると考えるべきだ。

○「いじめ」の訴えはすぐ報告
○「いじめ」解決への検討を複数の職員で対応

できている □

I-17
「いじめ」の訴えへの対処を同僚や管理職と相談しているか？

「いじめ」の解決に向けては，次の行程を経なければならない。

①事実の確認(1)
②事実のつきあわせ
③当事者の子どもへの事実確認(2)と指導
④保護者への報告・謝罪

この四つの場面は，どれも慎重に行われなければならない。とてもデリケートなことが多く，教師側で誤認識があったり，共感的姿勢をもたない態度では，子どもの感情も保護者の感情もこじれていく。その意味では，できるだけ正確に事実のすり合わせをし，誠意をもって対応する姿勢を常にもって事にあたらなければならない。

その際，同僚や管理職に相談することは，自分の対応で注意すべき点や忘れていた点を指摘してもらう意味でも重要である。また，いざこうした事態が起こると，解決には時間が必要であるにもかかわらず，意外と時間がないことに気づく。被害者の子どもや加害者の子ども，まわりにいた子どもからの事実確認などには，予想以上に長い時間がかかることも多い。また，その間の他の子どもたちの学習活動はどうするのか，他の子どもたちに気づかれないようにするにはどうするかなども考えると，とても一人では対応できない。この点から考えても，やはり学年の教師や管理職の協力がないとできないのである。だからこそ，相談を複数の職員で行うことは重要なのだ。

○「いじめ」訴え後の対応の手順の確認
○解決に向けて必ず複数の職員で相談・対応

☐ できている

I-18
「いじめ」の事実を確認する場合，必ず複数の教師で行っているか？

　前項，前々項でも述べたが，「いじめ」の訴えへの対応は必ず複数で行うことが鉄則であり，チームでの解決が不可欠である。

　私は，チームで即座に対応しなかったがために失敗した苦い思い出がある。高学年の学級担任をした時のことだ。学級には「いじめ」の実態もすでに存在していた。ある時，女子の集団が下校後にある女子の家で，いやがる子に化粧をさせて遊んでいたことを，集まった家の親が訴えてきた。学級担任はその訴えの事実を管理職に報告したが，人手が少ないということもあり，学級担任一人が10人近い女子から聞き取りをすることになった。しかし，その過程で子どもたちの中には動揺が広がり，学級の中が少しずつ落ち着かなくなってきた。そのうち，その事件にかかわった女子同士で「そんな事実はなかった」「みんな楽しく遊んでいた」というふうに口裏を合わせるようになってしまった。その後の保護者への説明もできずじまいで，学校への不信感もエスカレートしてしまった。

　「いじめ」の事実確認は，必ず「即時」「複数対応」「同時」で行うべきである。事が大きければ大きいほど，そうしないといけないのである。残念ながら今の時代の子どもも純粋というだけでなく，親にも言えないずる賢さをしっかりともっている子どももいる。と同時に，学校を叩きたい親も多いので，そこを切り抜けていく学級担任の危機管理意識と方略が必要なのである。

○「いじめ」事実の確認は必ず「即時」に「複数」で「同時」に行う

できている □

I-19
「いじめ」の事実を，時系列で記録できているか？

　「いじめ」の事実確認は，いつ，どこで，誰が，誰に対して，どのような言動を行い，どんな結果になったか，またその時の被害者の子どもの思い，加害者の子どもの思いなどを的確に聞き取っていく必要がある。まわりにいた子どもからの聞き取りであれば，その時の状況や傍観していた際に感じたことなども聞き取る必要がある。

　これらの聞き取った内容は，できるだけ時系列で詳しく記録しておく必要がある。管理職や同僚に報告する場合，保護者に説明する場合，また最悪，裁判などの資料になる場合を含め，的確にまとめておく必要がある。教育委員会の聞き取りの際にも必ず必要になる。

　その際，複数の立場からの聞き取りをしておくことも大切である。当事者の意見だけでは信憑性に欠ける場合も多く，第三者的な見方をする人，まわりにいた人の意見なども聞いておくことは，事実のすり合わせの際に重要な材料となる。

　……このような内容を書いている自分が悲しくなる。私は教師であって，警察官ではない。なぜ，ここまで教師がしないといけないのか，自分でこの項を書いていながら，「これでいいのか」という思いでいっぱいになる。しかし，これが現実である。もう「教師は聖職であり……」などと声高に言っている場合ではないのである。もっと現実を見ながら行動しないといけない職業なのである。本当に残念なことであるが，理想ばかりを言ってはいられないのだ。

○事実は時系列で的確に記録しておく
○複数の立場からの見方も記録しておく

I 「いじめ」に対する危機管理

☐ できている

I-20

「いじめ」を打ち明けた子どもへの配慮は十分か？

　子どもが勇気をもって「いじめ」の実態を学級担任に打ち明けてきた場合の対応で，絶対に配慮しなければならないことがいくつかある。

①他の子どもに悟られないこと……「いじめ」を打ち明けてきた子どもの話を聞いているところを他の子どもに見られることは，絶対に避けるべきである。「チクっている（密告している）」と見られた結果，かえっていじめられることになりかねないからだ。「いじめ」アンケートなども，そのへんの引き出しに入れておいたりしてはいけない。

②「いじめ」を打ち明けた子どもを守っていくこと……子どもが「いじめ」を打ち明けるということは，とても勇気のいる行為である。「いじめ」を打ち明ける場合は，被害者として打ち明ける場合，加害者として打ち明ける場合，傍観者として打ち明ける場合などが考えられる。それぞれの場合によって，その子の守り方は変わってくる。たとえば被害者からの打ち明けの場合は，「いじめ」被害が続かないようにすることが最大の命題となる。傍観者からの打ち明けの場合は，感謝の礼と勇気を讃える励ましとともに，誰が打ち明けたかをわからないようにしていくことが必要だ。加害者として打ち明けた場合は，「よく打ち明けた」ということと「君を必ず守る」という教師の強い意志を伝えなければならない。

③打ち明けてきた子どもの気持ちを安心させていくこと……正義感をもって打ち明けてきた子どもの思いをしっかりと受け止め，「絶対に守っていく」という姿勢をその子に見せる。そのことが，打ち明けてきた子どもの気持ちを安定させていくことにもつながる。

〇打ち明けられたことを絶対にわからないようにする
〇打ち明けてきた子どもを守る姿勢を見せる

できている □

I-21
「いじめ」をしたと思われる子どもへの配慮や聞き方の留意点は，しっかりとわかっているか？

「いじめをした」と思われる子どもには，必ず「いじめをした」という限定的な考えで臨まない。

まず大切なことは，事実を確認することである。冷静に誠実に，ゆっくりとはっきりと，被害者の子どもから聞いた事実のみを確認する。

その際に大切なことは，まず「先生は君の○○な点，すごいと思っているよ」などと，「いじめ」をしたと思われる子どものよい点を伝える。その上で，被害者の子どもが指摘した事実が，正しいかどうかを確認する。もしその行為を認めたなら，その時の思いや，今どう考えているかなども聞いていく。冷静に，丁寧に，共感的に聞いていく。これが鉄則である。それが終わると，あいまいと思われる内容も含め，しっかりと記録しておく。被害者の子どもの言っていることと食い違う点についても記録する。

聞き終わる前には，教師として気づいたことを，相手がわかるように指摘することも必要であろう。その際にも，共感的に示唆するかたちで伝えていけるとよい。最後には，悪かった点や矛盾点を指摘しながらも，その子どもの今後にかける思いをくんで励ましてやろう。

教師は「事を憎んで人を憎まず」の精神で子どもたちと向き合うべきである。その子の行った行為を叱ることはあっても，その子の人間性まで否定してはいけないのである。

◎「事を憎んで人を憎まず」の精神で
□冷静に丁寧に対応

☐ できている

I-22 「いじめ」の事実関係をすべて把握した段階で、再度、管理職への報告はしているか？

「いじめ」については、まず事実関係の把握をすることが第一であることは、先の項で述べた。次の段階は、「いじめ」の事実をもとにどのように対応するかを考えることである。この場合、一番大切なことは、学級担任が一人で判断しないことである。大きな事件になり、保護者や複数の子どもたちが対象になった場合にはなおさら、対策を学級担任一人で判断することは、やめた方が賢明である。学級担任が一人で判断することで、気づかない点が出てきたり、学級担任も問題を抱え込んだりすることで、そこに「秘密」が生まれる可能性が高い。それが後々、かえって問題になることも考えられる。

そこで、「いじめ」の事実が被害者と加害者の両方から確認されたら、まず管理職や生徒指導主任、学年主任に報告することがなにより大切である。報告した時点で、「学校としての対応」となり、チームで対策を考えていくかたちになる。学級担任が一人で責任を負うことから「学校としての責任」に変わるのだ。

チームで対策をたてることによって、さまざまな角度から多面的な見方で「いじめ」の対策を考えられる。子どもや保護者の対応も学級担任だけでなく、複数で対応に当たることもできる。

「いじめ」の対策を学級担任だけで判断することは、今の時代かえって、してはいけないことに近い。「いじめ」の確認がとれた段階で、自分のせいだなどと思わず、はっきりと報告した方がよい。

○対応を学級担任一人で考えない
○管理職に必ず事実関係を報告

できている □

I-23
子どもを叱る際に「人格」ではなく，その子どもの行った「行為」を叱っているか？

　その子の行った「行為」の善し悪しについて叱ることは，あってよい。しかし，その子の「人格」まで否定するような叱り方をしてはいけない。では，どのようなことになると「人格」を叱ることになるのだろう。「廊下を走ったお前はダメだ！」——端的に言えば，このような叱り方が「人格」を否定していることになる。「廊下を走ることはいけません」ならば「行為」を否定しているのである。子どもは自分の人格を否定しているような教師の言動を敏感に感じ取るものであり，そう感じた子どもは，もうその教師から何も学ぼうとしない。

　「叱る」というのは理性的な行為であるが，教師が子どもの人格を否定するような言葉を吐いてしまう時は，理性を失い，「叱る」のではなく「怒る」という状態になってしまっている。

　私は，自分が理性的に「叱る」ために，次のようなパターンを実践するよう心がけている。

①よくない行為を止める「静止」の声を出す（大声の時もある）
②その子の前に行き，目線の高さを同じくする
③その子の優れている点やよいところを簡潔に言う。その後，よくない「行為」を否定する（省略する場合もある）
④そのよくない行為のどこがどのように悪いのか，その理由をまず考えさせる。そして言わせる。わからない場合は，私がその行為のよくないところを具体的に伝える

　「言って聞かせて，させてみて，ほめてやらねば，人は動かじ」（山本五十六元帥の言葉）——子どもを叱る時，私はこの言葉を思い出す。

◎「怒らない」で叱るが鉄則
○常に上記①～④のパターンを心がける

I 「いじめ」に対する危機管理

☐ できている

I-24

「子どもの人権」を尊重しているか？

　「子どもの権利条約」を知っているだろうか。世界の子どもたちを守り育てるための条約として，日本を含む世界の多くの国々が締結している条約である。その中には多くの細かな権利規定が載っているが，私が教師として最も大切にしないといけないと感じているのは，以下の規定（第3条）である。

> 「子どもに関係のあることを行う時には，子どもにとってもっともよいことは何かを第一に考えなければなりません」（「子どもの権利条約」解説と条文抄訳（子ども向け），日本ユニセフ協会ホームページより）

　このことを，教師として毎日考えているだろうか？　多忙感や慣れの悪循環の中で，いつのまにか教師が自分本位になっていないだろうか？　教師は本来，真面目な人が多く，上記の内容を本義として働いている人がほとんどである。しかし，時に惰性のまま流されてしまったり，魔がさしてしまったりするようなこともある。そんな時に，事件や事故が起こることも多い。

　万が一，事が起こってしまった場合の対処法を考えるよりも，まず「目の前の子ども」に最善の予防策を講じていくことを最優先すべきである。

　教師は，いつの時代も志や正義，人の生きる意味を子どもに伝えていかなければならない。私も子どもたちに「正義感をもつように！」と言っているが，その私自身の子どもたちへの「正義感」は，常に上記の言葉を肝に銘じて事に当たっていくことであると考えている。

> ○事が起こった時は子どものことが第一
> ☐今の自分は，子どものために最善を尽くせているかを考える

できている □

I-25
「いじめ」という行為がなぜ起こったのか,当事者の子どもたちと反省しているか?

「いじめ」が起こってしまった場合の子どもたちへの指導で一番大切なことは,自分たちはどこでどのように意識が変わってきたのか,そしてどうして相手を傷つけたのかを,しっかりと後追いしながら認識させていくことである。これは,大切な人生の勉強である。だからこそ,この段階を大切にしたい。この過程をいいかげんに終わらせてしまう教師のもとでは,「いじめ」は再発する。

ここでは,カウンセリング的な姿勢も必要とされるが,とにかく子どもと共に考えるという姿勢が当事者の子ども一人一人に伝わらないといけない。そのためには,静かな場所の設定がまず必要である。次には,とにかく肯定的姿勢を見せること。子どもは「この先生,俺にお説教しようとしている」ということをすぐに感じ取る。それでは,ただ単に叱っているだけである。まず,その子のすばらしさを教師が心から言う。その後,「いじめ」に関する聞き取りで上がってきた事実への思いを聞く。「なんとなく……」などとふてくされる子どもは,一番最後にする。まずは,心があり,話し合っていて,「涙が出る子」から始めるとよい。良心がしっかりと見えている子は早く解決できる。その子は,教師が心からその子を信頼していくと,今度は本当にその教師の味方になってくれる。こういう子を一人二人と近くにつけていける教師は,学級崩壊を直せる教師である。そのような教師は,必ず子どもと「心を合わせる」やさしさ,静かさ,動じない冷静さ,温かさなどをそなえていることが多い。子どもは,案外早く,教師のこのような姿勢に気づくのである。

○子どもと反省する時間は,静かに教師も学ぶ時間である
○子どもに反省を促す時間は,共に学ぶ時間であると思うこと

□ できている

I-26
「いじめ」を訴えてきた子どもと加害者とされる子どもとの間で、互いが納得いくように話し合いをさせたか？

「いじめ」の被害者と加害者を立ち会わせて話し合うことは、その「いじめ」事件の最終段階である。このときには、被害者、加害者ともに自らを省みさせ、今の自分をわかった上で話し合いに臨ませることが必要である。そうでないと、まだ事実の部分で腑に落ちないなどと言ったり、聞いてきた教師のせいにしたりしかねないからである。

最近は、自己中心的な子どもも多くなったので、教頭や校長、生徒指導主任・学年主任などの複数の教師の立ち会いのもとに話をさせることが必要である。安易に学級担任一人で解決のための話し合いをさせると、話し合いが「当事者間の秘密」となり、子どもは家でどんな言い方にもなる。そして解決の仕方をめぐって、保護者が言ってくる。こんな光景は、よく見られる。だからこそ、複数の教師のもとで、当事者同士を話し合わせる必要があるのだ。

大切なことは、互いの主張のすり合わせをし、互いが納得するようにしていくことだ。そのためには教師は次の点を確認しておこう。

○メモを取ること（聞く人とメモを取る人が最低必要！）
○時系列で子どもに聞いていくこと
○事実の確認とその時の気持ちをただすこと
○お互いの子どもの主張の相違点を確認すること

この場面が「いじめ」問題の解決で一番大切なところである。子どもは、事実を多くの場にさらされることを嫌う。この場面で、教師がどれだけ、その行為を事実として知らしめられるかが重要となる。

○被害者と加害者との話し合いは、複数の教師で立ち会う
□教師間の信頼関係づくり

できている ☐

I-27 子どもを説得して自覚を促す際の論拠と方法論をもっているか？

　教師は常に被害者と加害者の立場を理解し，子どもたちに自覚を促していく立場でなければならない。その際に強く強調しないといけないことは，「他の人の心か体を傷つけたこと」「他の人に迷惑をかけたこと」，この2点の立場でしか，子どもに説得していく根拠はない。つまり，「してはいけません」の一点張りでは，子どもに納得させられないのである。子どもの中には，悪いことをしても，「今日，先生がぼくのことを怒鳴りつけた」としか親に言わない子どももいるかもしれない。そうすると，すぐに「どうして先生はうちの子を怒鳴りつけたんですか？」とクレームの電話がくることも珍しくない。

　「人の心か体を傷つける」ことは人としてよくないこと，「他の人たちに迷惑をかけてはいけない」ということは，人として学ばせていかなければならない。この2点を手がかりに，冷静に，互いに「傷ついたこと」や「他の子どもたちの学習の妨げになったこと」などを伝えていく。その際には必ず，教師が一方的に言うのではなく，子どもから思いや気づきを引き出す問いを投げかけていく。そして，その子どもの使った言葉を繰り返すことで，相手にわからせていく必要がある。教師には，冷静であること，子どもから言葉を引き出し繰り返すこと，そして説得するための根拠をもつことが必要となる。

○「人を傷つけない，迷惑をかけない」の論拠をもつ
☐叱る時ほど，冷静に！

I 「いじめ」に対する危機管理

☐ できている

I-28
いじめられた子どもといじめた子どもが、互いに自分の口で保護者に伝えるように約束して終わらせたか？

「いじめ」の解決において、この場面をしっかりと切り抜けられるか否かは一番の山場であると言ってもよい。子どもに納得をさせた上で、誤解がないようにもう一度、子ども同士の気づいたことや悪いと思ったこと、こうするといいと思ったことなどを言わせる。その後、必ず「帰ったら、必ず自分の口でおうちの人に言ってください」「先生もおうちの人に電話するから」と伝える。

この「自分の口でおうちの人に伝える」という行為は、子どもにとってみると、自分のした行為やされた行為をきちんと処理し、恥ずかしさや怖さを感じながらも言わなければならないという苦しさに直面させられる場面でもある。しかし、これが大切なのである。ここを逃すと、子どもはそのまま逃げたり、あいまいにしたりする。「適当にしていても大丈夫」という意識を子どもにもたせることになる。

また、親に伝えることを約束させることを通じて、教師は二つのことを知ることができる。一つは、親子関係である。子どもが親をどう思っているか、怖くて言えないような親なのか、友達みたいな関係の親なのか、電話したときの親の話しぶりで子どもがどの程度話をしたのかを知ることで、親子関係を見取ることができる。もう一つは、親の学校への姿勢についてである。「申し訳ない、先生、ありがとう」という態度なのか、「学校の責任なのに何をしているのか」という態度なのか、といった親の教師への思いを知ることができる。こうしたことを知ることは、次の対策を考える場合にも有用であることが多い。

○子どもに自分の口で保護者に伝えることを約束させる
○保護者への電話を必ずその日に行う

できている □

I-29
保護者への「いじめ」の事実の説明は，書くことはせず，話すことを基本としているか？

　保護者への報告においては，「書いて伝える」ことは絶対に避けるべきだ。「いじめ」の問題となると，内容や対応が細かく，人の気持ちを問うデリケートな場面が多くなる。「書くこと」では，その時の状況や雰囲気などを的確に表すことができない。しかし，ひとたびそれを文字にしてしまうと，かえってそこから誤解や行き違い，受け取り方の違いなどが生じて，問題がややこしくなる可能性が高い。さらに，書いたことは証拠として残ってしまう。

　そこで大切なことは，「話して伝える」ことだ。「書くこと」に比べて，その時の微妙な様子を表現することもできる。また証拠としても残りにくい。「話して伝える」際には，以下の三つのやり方がある。

①電話で話す
②学校で直接会って話す
③教師が家まで出向いて話す

　この中では①が一番簡単に済むが，「教師の誠意が伝わらない」というおそれもある。②は，重大かつ緊急性がある場合によく行うかたちである。子どもにも聞かれず，保護者とじっくり話ができる。ただ，「学校に呼びつける」という感があるので，好意的な保護者であるかどうかや，事の重大性・緊急性などを勘案する必要がある。③は，基本的には，教師が謝罪をする場合のみに限った方がいいと思う。家へ行くとすれば，子どもにも話の内容を聞かれる可能性がある。出向いた場合も，必要な謝罪のみで，長居は無用である。

○保護者への「いじめ」報告などは書面では伝えない
□どのような手段で保護者へ話して伝えるのがよいかを考える

☐ できている

I-30
保護者へ話を切り出す際には，その子どものよい面を先に伝えることを心がけているか？

　保護者へ話を切り出す際には，その子どものよい面を先に伝える。どんないやなこと，どんな悪いことを保護者に報告する場合でも，このことは，教師が子どものことを保護者に話す場合の鉄則である。教師が切り出す最初の一言で，保護者は教師への不信感か信頼感のどちらかの方向に必ず振れていく。

　①「〇〇さんは授業中進んで手を挙げて，……してくれて助かります。じつは今日は……の件でお電話させてもらいました」
　②「もしもし，〇〇さんのお母さんですか？　今日のこと，〇〇さんから聞きましたか？」

　①と②では，話す長さでいえば数秒の違いであろうが，受け取る側の保護者としては，意識の上で大きな違いとなる。①では，はじめに〇〇さんを認め，長所をわかっている教師の意識を保護者に伝えた後，本題に入っている。②は，そのまますぐに本題に入っている。保護者や状況によって，①がいいか②がいいかということにはなると思うが，①の方がベターである。

　「先生はうちの子を認めている」という認識をもった上で話を聞かされた方が，保護者も納得したり，協力的になってくれたりしやすい。いつもうまくいくとは限らないにしても，ふだんからこの意識をもっていることで，他のさまざまなケースでも役立ったり，救われたりすることが出てくるものである。ふだんから，保護者と対応する場面では，このことを意識しているとよいと思う。

◎「保護者への報告はよい話から」が鉄則

できている □

I-31 「いじめ」などの問題を処理した段階で，すべて管理職に報告しているか？

「いじめ」などの問題処理が終わった段階で，必ず管理職に報告しておくとよい。それは，以下の理由からである。

①学校全体として「いじめ」対策に取り組む姿勢をもつため
②問題の処理の仕方などを教訓として職員で共有するため
③「いじめ」の事実を隠蔽しないようにするため
④教師自身の精神的な健康のためにも自分一人に留めおかない

学校での「いじめ」は，今の時代，人の命をも左右する大きな危機管理意識を必要とする問題である。常に「自分の学級でいじめが起きてもおかしくない」「しっかりと予防・対応するぞ！」という学級担任自身の心構えがまず必要である。その上で，①に述べたように，学校全体で「いじめ」を撲滅するために教師同士が手を取り合うということが，きわめて大切なこととなる。②については，こうした問題の対応を教師それぞれが常に意識的に訓練していくために必要だからである。この意識が薄れていくと，学級のことを何も言わなくなったり管理職にうそをついたりすることが多くなるだろう。学級崩壊が進みだすと，教師はこの傾向に陥りがちである。③は教師としてだけでなく，人として当たり前のことである。④については，真面目な教師ほど，すぐに自分のせいにしたがる傾向がある。そうではなく，「どこでも起こりうることを処理・対応した」と考えれば気分も落ち着く。また，それを報告することで，個人の責任ではなく学校全体の責任となる。常に「みんなで創る学校である」という意識をもてると，気持ちが楽になるはずである。

◎「いじめ」事実の処理後は必ず管理職へ報告
□「責任を抱え込まずにすぐ相談！」の意識を常にもつ

I 「いじめ」に対する危機管理

☐ できている

I-32
新たな学級を担任してすぐに「いじめ」を認識した時点で、教師はどうするかについて、意識しているか？

　新しい学級を担任すると、学習は軌道に乗るまで少し時間がかかるが、子ども同士の人間関係や友達との交友の仕方などは、担任した翌日から見えてくるものである。持ち上がりの学級や、ずっと1年生から単学級の場合などでは、子ども同士の人間関係が固定化していることも多い。固定化した人間関係には、「いじめ」につながるケースも少なくない。

　年度当初にそのような固定化した人間関係が見て取れ、その中で疎外されている子がいたら、あなたは次の①～④のどの行動を選択するだろうか。

　①その子を疎外している子どもたちを叱る
　②学級全体に、その子を疎外しないように呼びかける
　③少し様子を見る
　④「先生はいじめが大嫌いである」ことを学級全体に伝える

　私は、④のやり方をする。まだ教師と子ども一人一人との間に信頼関係ができてない年度当初に、教師が①や②のやり方で出ることは、かえって危ない状態につながることがある。③はきわめてよくない。「少し様子を見る」時点で、その教師は「いじめ」を認めたことになるからである。子どもにとってみると、「この先生、見過ごしている。ちょっとあてにならないな」と思う子も必ず出てくる。④のやり方は、子どもたちに「今度の先生はいじめを嫌がる先生だ」という意識づけと緊張感を与えることができる。年度当初にこのような教師の毅然とした姿勢を示すことはきわめて重要である。

○年度当初は、「いじめの嫌いな先生」を意識づける
☐年度当初は、子どもの交友関係をよく見る

できている □

I-33
行事がたてこむ時期や行事が一段落する時期に、「いじめ」に対する危機意識を一段と強くもっているか？

　子どもたちの意識の変化は、教師の忙しさの度合いと関係があると思う。行事などで教師の意識が子どもたちを急がせる方向に向いている時には、子どもたちの意識もイライラしたり、気持ちが荒廃したりすることがある。また、行事が一段落し、それまで目標にしていたことがなくなったりすると、ちょっとした遊び心から「いじめ」や大きな事故につながるケースも見られる。これらは、これまで学級担任をしてきて、なんとなく肌で感じていることである。「これだ」という根拠もないが、このことは、教師として考えに入れておくとよいと思う。

　たとえば、運動会や展覧会などの大きな行事がある。応援団などの中心になっている子どもたちや、作品ができていない子どもたちには、教師の目も届いているが、他の、繰り返しの練習に飽きた子や早く作品ができあがった子どもたちには、教師も忙しいために目が届きにくくなる。その時期にトイレに落書きが発見されたり、誰かの靴がなくなったりなどということは、よく起こる。

　また、行事が終わって目標がなくなると、子どもたちはエネルギーのやり場を失い、はしゃいでたわいもない遊びを始める。これが、「いじめ」につながる遊びに発展することも多く見られる。

　行事に向けたあわただしい動きの中にも、子どもが心のゆとりを保てているかを教師はきちんと見ていく必要がある。また、子どもたちに自制心を育てる活動や日々の暮らし方を伝えていく必要もある。

○子どもたちに心のゆとりを考えた行事づくりを
□行事中と行事後は、子どもの動きに要注意

☐できている

I-34
長期の「いじめ」に対しては，傍観者の子どもたちの"囲い込み"をしているか？

　長期間続いている「いじめ」に気づいた時には，まず被害者の子どもの心のケアをすることが最優先であるが，それと同時に，傍観者の子どもたちの"囲い込み"をしていく必要がある。

　たとえば，新学期になり，自分がその学級の担任を任せられたが，どうも前から特定の子をまわりが避けている様子が見える，などということがあったら，あなたはどうするか？

　私は，まず被害者の話を聞き，心のケアをする一方で，学級全体に，「人として，してはいけないこと，卑劣なこと」「正義感をもつことの大切さ」「人として格好いいこととは？」などの話を機会をとらえてしていく。子どもたちの中には，「いじめ」に気づきながらも，なんとなくみんなに合わせている子や，自分から言い出せないでいる子などもいる。「間違っている」と言えることが勇気のある行為であることを気づかせ，傍観者に自律させる意識をもたせる。また同時に，社会のルールや法律にも話を広げ，大人がこのような行為をした場合は，法律にふれることにもつながりかねないことも伝える。

　このように子どもたちの良心を呼び起こさせていき，できるだけ多くの子どもを傍観者から良心の表現者にさせていく。このことを私は，"囲い込み"と呼んでいる。学級の雰囲気をより正しい方向にもっていく。その後に，いじめの中心となっている子どもを指導していくかたちが，私のやり方である。

○長期の「いじめ」の解決は傍観者の"囲い込み"から
○子どもたちの良心を呼び起こす授業や説話を！

できている ☐

I−35
子どもたちが「いじめ」の情報などを伝えたい思いになる，安心感や頼りがいのある教師になっているか？

　「いじめ」の傍観者であった子どもが，良心を感じて教師の近くまで寄ってくることがある。しかし，その子たちにすぐに教師の思うように話をさせたり，告げ口をさせたりすることは，危険である。その教師に寄ってきた子が次の「いじめ」のターゲットになる可能性もある。だからこそ，傍観者だった子で教師に寄ってきた子どもとすぐに近づくことは，危険なことである。

　ここで大切なことは，教師がもう一歩"中に入る"ことである。抽象的でわからないかもしれないが，まだ半信半疑で教師を見ている子どもにアプローチするのである。先生を少し敬遠している子やほとんど話をしてこない子に声をかけ，時に一緒に遊んだりする。そのことで半信半疑だった子も少し落ち着いたり，見方を変えてきたりする。そうすることで，まわりもしっかりと教師の動きをとらえているので，「この先生は頼れそう！」「ただ子どもに好かれたいだけの先生ではない！」ということに，子どもたちは鋭く気づくのである。このことが大切で，「すぐに先生を好きになってくれるな！」「よく見て，判断してくれ！」というポリシーをもった教師の姿を見せると，子どもは深い信頼を教師に抱くものである。このことは，長い教師経験でなんとなくわかってきたことである。

　だから教師が目先の子どもの気をひくことを何度繰り返しても，子どもたちがそこにひかれるのは一過性のものである。教師が目先のものばかりで引っ張ると子どもも慣れてきて，だんだん飽きてくる。それより子どもたちは，その教師の人としての深さをちゃんと見ている。

◎子どもの目先をひきつけることより，人としての人間性を磨く

□できている

Ⅰ-36
「間違っていることを間違っていると言える」雰囲気づくりが，学級でできているか？

　「間違っていることを間違っていると言える」雰囲気の学級——これはすばらしい学級だ。「間違っていることを間違っていると言える」学級というのは，人の行動全般を自分たちで正していける学級ということである。「今の答え，間違っている！　わっはっはっは」などと人の間違いを指摘しながら中傷する子がいる学級ではダメである。

　もっと端的に言うと「人の話を聞ける学級」「人の考えを聞き入れられる学級」である。たとえ長い道のりになろうとも，学級担任はこのような学級をつくることを目指すべきである。

　「間違っていることを間違っていると言える」学級には「いじめ」は起こりにくい。また万が一，起こったとしても，それを乗り越えて解決していける力をもつ学級である。お互いを尊重し合ってお互いのよさを共有できる学級だからである。

　以下のようなことを一つ一つ実現していくことが，こうした学級をつくり上げていくことにつながる。

　○人の間違いを笑わない学級……相手の気持ちを察する
　○間違うことがすばらしいと思っている学級……失敗があるからこそ成功に近づくことができることを知っている
　○人の話を聞く学級……興味をもち，我慢強く聞くことができる
　○みんなでいる意味が実感できる学級……真の協調性がある
　○物事の道理をわきまえている学級……ちゃんと「礼」ができる
　○「いじめ」のない学級……互いに自律している
　○先生を人として見ている学級……先生の人柄をよく知っている

○いい学級をつくろうとするビジョンをもとう
□ビジョンをもとに手だてを考えよう

II 「保護者対応」に対する危機管理

 今の学校の危機管理において,最も緊張感のある場面は「保護者対応」であると言っても過言ではない。学級担任をしながらも,保護者がどんなことを言ってくるか,保護者の気分を損ねていないかなどを,ついつい考えている教師も少なくないだろう。管理職も保護者の目を考えて,より無難な方法やミスのない学級運営をするようにといったことを,折にふれ学級担任に求めるようになった。こんな中,学級担任は"歯車の一部"として懸命に授業や学級運営をしているというのが,本当のところであろう。
 私が新採用教師向け研修の講師として研修会に参加する際に感じるのは,「ミスをしないように」するために懸命になっている新人教師たちのまなざしである。「授業を創造的につくる」などという言葉とは縁遠い,ただ「ふつうにできるように」なるために必死になっている姿である。まったく"遊び"の部分がない。これも,保護者にちょっとでも評判のいい教師になりたいという思いからであろう。それだけ,保護者の視線を敏感に感じている現代の"教師の卵"たちである。
 なかには,どう考えても学校にクレームをつけたがっているだけの「わがままな保護者(モンスターペアレント)」もいるが,そのような保護者にも学校の教師は丁寧に対応していかなければならない。私自身,とても残念なことであると思うが,今の学校の置かれている現状である。

今は，学級担任がミスをしないで，保護者に説明できるような行動をとらないと，どこで揚げ足をとられるかわからない。その意味では，教師としての正当な認識と行動をとっていく必要がある。

できている □

Ⅱ-1

子ども・保護者情報の共有化を図っているか？

　子どもや保護者に関する情報の学校内での共有化は，今の時代では常に図っていかなければならない。大切なことは，「常に行うこと」と「対応の仕方を相談すること」である。

　「常に行うこと」は，年度初めの情報交換に始まり，最低でも1年間，学年間や教師間で子どもの様子を伝え合うことだ。

　年度当初に新しい学級を担任する。その際に前担任や学年の教師たちから，その子どもの学習の様子や性格，以前に起こった事故のことなど，さまざまな情報が伝えられる。また，保護者とのトラブル情報や保護者の気質，子育て観なども必ず耳に入れておくとよい。子どもがどんな状態の時に電話をよこす保護者なのか，事故の際には，その子が加害者の場合であっても必ず電話をしないとこじれる家庭なのかなど，さまざまな事実を学年間・教師間で共有しておくことが重要である。また，毎日の子どもの様子を放課後などに少しでも伝え合えると，情報の共有化が図れるだけでなく，教師間の信頼関係が増したり，互いに支え合ったりするきっかけともなる。日ごろから率直に相談し合うことが，学級担任の危機管理意識を高めていくことにもつながる。

　焦って自分だけで解決しようとしたり，恥ずかしくて他の教師に言えなかったり，聞けなかったりする教師よりも，みんなで和気あいあいと，子どもの情報や保護者のことを伝え合い，相談していく教師が今は求められる。

　学年主任や管理職などは，このように子どもや保護者の情報を共有化できる場づくり・雰囲気づくりを図っていかなければならない。

◎情報を共有できる場・雰囲気づくりを行う
○互いに相談していく職場づくりを心がける

Ⅱ 「保護者対応」に対する危機管理　49

☐ できている

Ⅱ-2
家庭への「学年だより」「学級だより」に差が出ないよう，学年間で相談しているか？

　学年・学級間で「学年だより」「学級だより」の発行回数や内容について差が大きくならないようにすることは，意外と重要な危機管理である。少し前は，できる教師は家庭に向けて毎日，内容豊かな「学級だより」を作っていたものだし，今でもそれを行っている教師は多い。私が言いたいのは，出しすぎることが悪いということではない。しかし，「あの先生は毎日『学級だより』を出してくれて，よい先生」「うちの先生は全然『学級だより』を出してくれない。今回の先生は失敗！」などと，見た目のよさやそつのなさなどだけで教師のよし悪しを判断しがちな保護者もいる。そのような中で，学校側はできるだけ統一的な立場で教育活動を行っていかなければならないのである。

　私は，保護者の評判などを考慮した学校の危機管理上，「学年だより」「学級だより」の発行についても，ある程度の一定ラインで学年間の申し合わせがあった方がいいと思う。

　「自分は他の教師よりもすばらしい教師と思われたい」——これは教師の本音である。そのために努力するのである。これはすばらしいことである。しかし，それと同時に，「自分だけわかっているからいい」とか「他の教師よりよく見られたい」ではなく，この学校をどうしていくとよいのか，子どもたちをどう伸ばしていくのか，同僚の教師たちとどううまくつきあっていくのかも考えられる教師であることが大切であると思う。職員みんなでつくっていく学校にするためにも，「たより」の出し方ひとつもしっかりと考え合っていく必要がある。

◎ 常に職員間で話し合う姿勢をもち続ける
☐「たより」のことも含め職員間の現状や問題点を話し合っていく

できている ☐

Ⅱ-3
「学年だより」「学級だより」は,必ず学年主任や管理職に内容を確認してもらっているか?

　「学年だより」「学級だより」を必ず学年主任や管理職に見てもらい,確認してもらうことは,いまや当たり前のことである。誤字・脱字がないか,内容的にふさわしいか,言葉のつかい方や言い回しが適切かなど気づかなかった点を見つけてもらえるだけでなく,見てもらうことにより,その内容は学級担任だけの責任ではなくなる。ふさわしくない内容や,特定の子どもに迷惑をかけるような内容を書いてしまった場合,学級担任の信頼は地に落ちる。そのため,誰の目にふれても支障がない内容を心がけることが,最も大切なこととなる。

　多くの保護者が「学級だより」などで一番見たいのは「うちの子が載っている」ことであり,そのために写真を多く入れたり,学級全員のことをまんべんなく載せる配慮が必要だ。教師の教育観にふれた内容は,かえって危険な結果をもたらすリスクをもっているため,極力避けた方が無難である(本来であれば本当に残念な事態であるが)。

　「学年だより」「学級だより」を書く場合の留意点を数点述べる。

○必要最小限のことを書く(だらだら書かない)
○保護者に「お願いしたいこと」は明確に書く
○保護者の準備や参加が必要な事柄は遅くとも1か月前に案内する
　(仕事の休みをとらなければならない保護者の都合なども考えて)
○学級の子どもの記事は,平等に載せる
○学級の悪かったことは極力書かない(よくできたことや,よくなってきたことを載せる)

○「たより」を書いたら管理職の確認を
○シンプルで無難な「たより」を!

Ⅱ 「保護者対応」に対する危機管理

☐ できている

II-4
「学級だより」は,出すと決めたら定期的に出しているか？

「学級だより」は,「出す」と決めたらできるだけ定期的に出すとよい。当たり前のことのようだが,なかなかこれができないことが多い。「学級だより」は,絶対に出さなければならないということはなく,基本的には学級担任の意思に任せられる。つまり,拘束力が弱いのである。

たとえば,春先に「学級だより」を出そうと思って書いたが,その後は,学年の終わりに1回。つまり1年間で2回ということになってしまった――これでは,学級担任として,とても恥ずかしい感じがする。だから,自分の負担にならない程度で,定期的に出していくことが,学級担任としても大切なことだ。

「学級だより」は,学級の子どもたちの生活の様子が保護者に伝わればよいのである。「今,こんな学習に取り組んでいる」とか「学級のみんなが今,一生懸命になっていること」などが書かれていればよい。立派な「学級だより」を作ろうとするあまり,そのことが負担になって,結果的になかなか発行できなくなってしまうというのでは,本末転倒である。

1週間に一度,1か月に一度でもよい。学級担任の良心として,子どもの様子を保護者に伝える,そのことが,保護者の信頼を勝ち取ることにもつながる。その点において,「学級だより」を出すことを心がけていくことは,学級担任の危機管理上,必要な業務であるともいえる。

◎「学級だより」は定期的に！
☐ 他の業務に無理のないように書く

できている ☐

Ⅱ-5
「学級だより」には，子どものよさを前面に出しているか？

　Ⅱ-3でも少し書いたが，「学級だより」は学級の子どものよさを前面に出して書いた方がよい。たとえ子どもたちのよくない行動を直させたい時でも，実際に少しよくなったことや，偶然でも結果としてよくなったことを手がかりに，肯定的に子どもの姿を書いていかないといけない。

　「子どもは善である」という基本的な概念で子どもを見ていく教師でないと，今の時代は務まらない。確かに子どもの中にも，さまざまな子どもがいて，さまざまな様相を見せる。学級担任も人の子であるから，自分の価値観にふれて，子どもを自分本位で怒りたくなる時もある。それがふつうである。しかし，その時に，この自分の怒りが妥当か否かを分析し，子どもにその怒りを納得させることができるかどうかも考慮しながら，叱らなければならないのが教師である。

　「学級だより」もまさにそれと同じ次元で考える必要がある。学級担任が怒っていることは，保護者や一般の大人が同じように怒ってくれることなのか，それともこの怒りは自分勝手な怒りと受け取られる危険はないかなどを冷静に考えて，「学級だより」も書かなければならない。その上でも，子どものよい面を前面に出そうとする意気込みで「学級だより」を書くことが大切になる。

○「学級だより」では，子どものよい面を前面に！

□ できている

Ⅱ-6 保護者からの連絡帳には，必ず丁寧に返事を書くようにしているか？

「保護者からの連絡帳には，必ず丁寧に返事を書く」——これも当たり前のことのようであるが，ここにじつは，教師としての品格が出るのである。

たとえば，保護者が年度初めに学級担任へ次のように書いてきたとする。

「うちの子は，先生が担任になったことを喜んで帰ってまいりました。どうぞ1年間，よろしくお願いいたします」

さあ，あなたならどのように返信するだろうか？

「こちらこそ，どうぞよろしくお願いします」

——まだ学級を担任して1日か2日であり，子どもの名前と顔を一致させることも困難であろうから，味気ないがこの一言だけの返信になってしまうのも無理はないだろう。しかし，ここが保護者を学級担任にひきつける大切な機会の一つになるのである。

たとえば，「今年度，○○さんを担任させていただきます△△と申します。○○さんは，今日も元気に明るく話しかけてくれました。何かとお世話になるかと思いますが，どうぞ，よろしくお願いいたします」などと書いていくと，より丁寧である。

保護者は，連絡帳で自分が書く以上に，教師に書いてほしいのである。自分の子どものよいことをたくさん連絡帳に書いてくれる教師には，いやな印象はもたないものだ。保護者は連絡帳に対する学級担任の丁寧さをよく見ているのである。連絡帳を軽んじては，学級担任は危険である。

◎連絡帳の返事は丁寧に
□連絡帳をあなどることなかれ！

できている □

Ⅱ-7 連絡帳に赤ペンで返事や子どもへの指摘などを書いていないか？

　まだときどき目にするし，こんな教師がまだいるんだと思わせる光景がある。「連絡帳に平気で赤ペンで字を書いている教師」である。丸つけや添削をする時に教師は赤ペンを使うが，一般的に他の人に伝える文章を書く場合に，赤ペンを使う大人は非常識であろう。このことがわかっていないデリカシーのない教師が，時にいる。

　ある中学校の校長が，私にこう言ったことを覚えている。

　「子どもたちとの交換日記に，自分は常に赤ペンでコメントを書いて返していたことがある。でもそれは，一般の大人同士ではありえないことだ。子どもとの交換日記に赤ペンで書くということは，子どものことを一人の人間として見ていないことにつながると思う」と。この校長は，子どもに「先生，いつもぼくらのことを赤ペンで"評価"しているんだ」と言われたことがあるそうだ。そこでその校長は，はたと気づいたそうだ。一人の人間同士のやりとりで，赤ペンで字を書くことほど相手を侮辱していることはないと。

　まさにこのことは，教師がいかに自分勝手で，世の中の流れを無視してきたかを物語っている。私は，「教師は最良の良識者でなければならない」と思う。現実と良識を忘れた傲慢さが，教師にはつきものであることを真摯に自覚する必要がある。その意味では，よく時代をとらえ，社会を見ながら教師をしていく必要があると思う。

◎連絡帳に赤ペンは禁物！
□常に社会の常識を見ていくように心がける

☐できている

Ⅱ-8
連絡帳に，込み入ったことを平気で書いていないか？

　連絡帳に平気で「いじめ」の後処理の結果などを書いていないか？
　教師が連絡帳に書くということは，公的な「学校」という立場を背負って保護者に伝えているという認識をもたなければならない。そこまでの危機管理意識をもって，連絡帳は扱わなければならないのだ。
　連絡帳は，子どもも見るし，そのまま文字として残る。文章でこそ伝えられるような事柄もあるが，その時の雰囲気や子どもの表情などを伝えきれるものでもない。その意味では，連絡帳に書かれた文章は，相手の受け止め方によって，どんな状況をも生み出しうる。
　だからこそ，連絡帳には子どものことで込み入ったことを書くべきではない。連絡帳は日常的な連絡手段としてのみ使い，教師と保護者との密な連絡手段としては使わないことである。
　連絡帳の扱いについては，以下の点を認識しておくとよい。

○連絡帳には，内容的に子どもの目にふれてはいけない込み入ったことについては書かない
○返信等が長くなる場合には，電話を使って話をする
○連絡帳は，保護者との密な連絡手段ではないことを認識する

　このことは，今の時代の学校現場の教師だからこそ考えておかなければならないことである。今は，連絡帳ひとつも細心の注意を払って危機管理の意識のもとにおかなければならないのだ。
　もしそれを「そうではない」「それは悲しいことだ」という教師がいたならば，それは，今の学校現場を真剣に見つめて勝負していない教師の言葉であると，私は思う。現場はそれほど切迫しているのだ。

◎連絡帳に，込み入ったことは書かない

できている ☐

Ⅱ-9

連絡帳は，子どもが見ることを自覚して書いているか？

　子どもが連絡帳を学級担任に持ってくる。子どもは，連絡帳に保護者が学級担任に伝えたいことが書いてあるということをわかっている。小学校中学年から高学年の子どもになると，どんな内容で書いてきているのかも知って持ってくることがほとんどである。子どもたちは，保護者が担任の対応に怒って連絡帳に書いている姿やこれを出されて担任が困る姿，また担任に渡さないと自分が保護者に怒られるということもわかっている。だから子どもは，担任から保護者に返す連絡帳を手渡されたら，すぐに読もうとする。我々教師は，子どもが見ることを自覚して連絡帳を書いて手渡しているだろうか。

　前項に述べたように「いじめ」の後処理の結果などを安易に子どもの目にふれるかたちで連絡帳に書いてはいけない。もしそのような込み入った内容を保護者が要求している場合でも，子どもに気づかれないように「先の件につきましては，後ほどお電話をさしあげます。よろしくお願いいたします」などと丁寧に書き，込み入ったことを文字にしないで保護者に伝えるようにしないといけない。

　このような学級担任の返信の仕方なども，子どもはよく見ている。学級崩壊の最大の原因は「子どもが学級担任を信用しなくなる」ことだが，崩壊寸前の学級で「私は子どもと正直に接してきました」と言っている教師がいる。じつは子どもたちは，教師に"正直"であることだけを求めているわけではない。この教師がどれだけ大人の社会をわかって，どれだけしか子どもに言わないようにしているかなども，子どもがその教師を信頼できる大人と見るかどうかの，重要な要素なのだ。

◎連絡帳は，子どもが見ていることを自覚せよ

☐ できている

Ⅱ-10

連絡帳は重要な証拠になることを,認識しているか?

　これまでの項で,連絡帳の扱いに関する危機管理について述べてきた。このことは,とても残念なことでもある。保護者と学級担任の間で本来あるべき互いの信頼関係が成り立っていて,互いにその子のことを思い,互いに協力しているという実感をもち,保護者が担任を信頼し,担任が保護者に敬意をもちながらつきあっていける関係ならば,ここまでの話はしなくてもよい。

　しかし昨今,さまざまな教育現場での裁判事案や「いじめ」事件への学校側の対応の仕方などが取り沙汰されている。実際にそれほど大きくならなくても,保護者と学校側の行き違いは多く見られる。たとえはじめは友好的な関係であっても,一つ事が起きると,その関係は一変する。これが今の学校現場である。

　だからこそ,担任は慎重にならざるをえない。連絡帳は,その担任と保護者をつなぐ唯一の文章交換の場である。その意味では,担任が連絡帳に書く一言一句は,軽率なものであってはならず,どの視点から見ても妥当と認められる内容でなければならない。たとえその連絡帳が裁判で証拠として採用されたとしても,「教育上妥当だ」とする証拠として認定されるようなものでなければならないのだ。

　何度も繰り返しになるが,連絡帳は証拠にもなるほど重要なものであり,そこに書かれる内容は,教育上も,また良識者としての大人としても妥当な内容でなければならない。だからこそ,連絡帳を書く場合には,最大の注意を払って書いていく必要があるのだ。

◎連絡帳は,証拠にもなりうることを自覚して書く

できている □

Ⅱ-11 連絡帳の返信は，丁寧な言葉づかいやしっかりとした字で書いているか？

　文章というのは，長く書けば書くほど文意が変わってきたり，読む側の受け取り方が違ってきたりすることがある。したがって，連絡帳に書く場合は，簡潔にわかりやすく，短文を組み合わせたような文章の方がよい。それが誤解を防ぐ方法である。

　その際にも，丁寧な言葉づかいなどを心がける必要がある。たとえば「今日の体育は見学させてください」と保護者からの連絡帳に書かれてあったら，ただ「見た」というサインだけを記すのではなく，「承知しました」などの一言を付け加えるとよいと思う。

　また，「お忙しい中，連絡帳でお知らせくださり，誠にありがとうございます」や「今後ともご協力のほど，何卒よろしくお願いいたします」などの表現で保護者に対しての敬意を示せば，保護者もいやな気持ちはしないはずだし，「この先生はしっかりしていて，子どもを任せても大丈夫」という意識をもつのである。

　また連絡帳の「字」も重要になる。きれいな字であることが望ましいが，「字を丁寧に書くこと」を心がけ，できるだけ丸文字などを使わず，大人の字を書くようにする。「字」の書きぶりも教師の姿勢を表す。丁寧な字で書くことを心がけることが，保護者への敬意の表れとなる。

◎誤解を生まないように，明快な文章を書く
◎保護者に対しては丁寧な返信を！

Ⅱ 「保護者対応」に対する危機管理

☐ できている

Ⅱ-12
重要なことや込み入った事柄などは，連絡帳よりも電話や直接会って話すことを心がけているか？

すでに何度か述べたように，保護者から相談された内容の報告や，子どものことでの心配事など，デリケートな内容や，書いて伝えると長くなる内容は，直接会って話をするか，電話で話をするようにした方がよい。ただ，教師が急いでいるときや疲れていたりするときなどには，ついつい連絡帳などで済ませてしまいたくなるものである。しかし，このことが誤解を生み，トラブルとなる場合もある。

教師も精神的に健康な状態を常に保てるわけではない。たとえば体育主任を兼ねていれば，運動会の時期などはきわめて多忙で，心身ともに疲労がたまるものだ。しかし，そんな時に限って，子どものことで保護者からの相談があったり，トラブルの解決をしなければいけない事態になったりする。考えること，動くことも多く，疲れているのに相談事。なんとなく簡単に済ませようとする気持ちになり，学年主任や管理職に相談もせず，連絡帳で返信して終わらせたくなる。

「重要な事や込み入った事柄は，直接会って話すか，電話で伝える」ということは，一見当たり前のようである。しかし，じつは教師の日々の精神健康面と密接にかかわっていて，教師の心根をしっかりと維持していないと，この内容を常に履行することは，意外と困難な場合も多い。だからこそ，教師は常に平常心でいることが重要なのであるが，学校という，時間に追いまくられ，複数の仕事に追いまくられ，人々の目や評価に常にさらされていると，この点が一番難しくなる。

◎教師は常に精神的に健康でいること
○疲れている時ほど丁寧な対応をする意識をもつ

できている☐

Ⅱ-13
欠席した子どもへは，手紙や電話などで励ましの言葉を送っているか？

　欠席した子どもに明日の時間割や学校からの配付物などを，近くの友達に持っていってもらう。こんな光景は，どこの学校でもふつうのことである。今では不登校対策も含め，学校によっては，1日休んだ子どもへは連絡帳など何らかのかたちで連絡する，3日連続で休んだ子どもには電話で容態を聞き，必要であれば家庭訪問をするなど，細かく規定をしているところもある。

　私は，欠席した子どもへは，必ず手紙を書くようにしている。例としては次のようである。

　「○○さん，ぐあいはいかがですか？　熱は下がりましたか？
　ゆっくり休んでしっかり治してくださいね。
　　今日は学校で版画の刷りをしました。△△さんが○○さんの版画を印刷してあげると言っていましたが，○○さんが学校へ来てからということにしました。
　　元気になり，登校することを，先生は待っていますよ。」

　この手紙は，大きく3段落からできている。1段落目は病状を案じる文章。2段落目は今日の学校での様子。ここで，友達の存在を感じさせる。3段落目は，登校を促す文である。この2段落目や3段落目は，不登校傾向の子どもたちにはよくないといわれた時期もあったが，私は違うと思う。なぜ，しっかりと登校を促さないのか，学校の教師は，学校へ来てもらうことから始めなければならない。「やさしい言葉で，学校の印象をその子に残すようにすること」，これは学級担任として当然の任務である。

◎欠席した子どもへは学級担任が心からの手紙を書く

☐ できている

Ⅱ-14
欠席した子どもへの翌日の連絡は，必ずしているか？

　欠席した子どもへの翌日の時間割などの連絡は，必ず行う必要がある。休んだ子どもが翌日，学校に来たときに困るようなことがあってはならない。私たち担任は，学校に来る子どもに対して，最大の敬意を表していく必要がある。つまり，「子どもに恥をかかせる」ようなことは，してはいけないのである。翌日の時間割の連絡もその一つである。

　また，この姿勢をよく見ているのが，保護者である。日々の担任の動きやわが子へのかかわりを通じて，その担任がわが子をしっかりと受け入れているか，気にかけてくれているかなどをしっかりと見ている。欠席した子どもに翌日の連絡をすることは，保護者対応の危機管理としても重要なことである。

　欠席した子どもへの翌日の連絡を電話で行う場合は，その子どもの学年や病気の容態などにもよるが，もし子どもが電話口に出ることができれば，欠席した子ども本人にも伝えるようにしていくと，担任との信頼関係も深まっていく。手紙で行う場合は，前項でも述べたように，心からの手紙を書いてあげるとよい。

　子どもが欠席した時の対応は，担任に任せられている。しかし，この欠席した時の対応こそが，その担任の本来の姿勢がよく見える場面でもある。ここに気をつかえる教師でないと，今の時代の教師はやっていけない。

◎欠席した子どもへの対応に手を抜かない

できている □

Ⅱ-15
欠席が続いた子どもや早退した子どもの家庭には，必ず連絡をとり，経過を聞いているか？

　欠席が続いた子どもや早退した子どもの家庭に必ず連絡をとることは，多くの学級担任がもうすでに行っていると思う。言うまでもなく，やはり子どもの病気の容態が心配だからである。また学級担任にとって，学級の子どもたちの様子をできるだけ把握しようと努めることは，なにより必要なことでもある。

　病気で長く休み続ける子どもや不登校傾向の子どもには，電話は有効である。その際にはできるだけ，子ども本人と話をするように心がけることが，学級担任との信頼関係をつなげていく意味でも重要である。

　また，保護者対応の面からも，このようなことをしっかり行うことは重要である。「先生が心配して電話をくれたよ」という家庭での会話は，担任がわが子のことをしっかりと思ってくれているという，保護者の安心感や信頼感につながってくる。たいしたことではないようだが，このような配慮が学級担任の信頼度を上げていく。

　さらに，日々の連絡は，事が起こった時に重要な意味をなしてくる。不登校傾向の子どもにしっかりと毎日，翌日の予定などの連絡をしていた場合，保護者は学級担任を責めることはできない。しかし，翌日の連絡ができていなかったり，保護者との連絡が密でなかったりすると，保護者は学級担任への不信感をあらわにする可能性も高い。家庭との連絡を密にすることは，危機を予防する観点からも重要なのだ。

◎長期欠席の子どもの家庭とは連絡を密にする

Ⅱ 「保護者対応」に対する危機管理

☐ できている

Ⅱ-16 欠席した子どもの家庭への連絡には、学校の電話を使っているか？

　なぜ、こんなことを保護者対応の危機管理として書くのか。それは、「あなたは、学校の公人としての自覚はあるか」ということが一つ。また「保護者に安易に教師の携帯電話番号や自宅の電話番号を教えていないか」ということがもう一つである。この2点についての詳しい意味については、Ⅱ-18、Ⅱ-19で述べるが、ここではなぜ「欠席した子どもの家庭への連絡には、学校の電話を使っているか」が重要なのかについて説明する。

　一つは、電話について受け取り手の意識の変化からである。じつはこんなエピソードがある。

　ある時、緊急な用事があって、やむをえず出先からの電話連絡をある保護者宅へ入れたが、登録された電話番号ではないので、まったく保護者が出てくれなかった。このようなことは、今の時代にはよくあることで、どこの家庭でも迷惑電話に悩まされ、学校の電話番号は登録してあったとしても、それ以外は必要がないものとして、登録していないこともある。だから学校からの電話である必要がある。

　もう一つは、最近、学級担任の自宅電話番号を連絡網に載せない学校も多くなってきた。危機管理は、教師自身の危機管理にもかかわっているのだ。学級担任と保護者との関係がこじれてトラブルになり、学級担任宅にひっきりなしに電話をする保護者もいる。そのことでノイローゼになる教師もいる。教師自身を守るためにも、子どもの家庭への連絡には、学校の電話を使うこと。今はこれが常識である。

○子どもの家庭への連絡は、学校の電話で行うこと！

できている ☐

Ⅱ-17
家庭への電話連絡の際には，事の内容に合わせ，適切な時間帯を考えて連絡しているか？

　家庭に電話連絡をするタイミングでもトラブルが発生することがある。家庭への連絡の電話は，大きくは次のとおりである。

①欠席した際の連絡
②病気やけがの際の緊急連絡
③保護者からの相談事への対応
④学校で起こった事件や事故の緊急性のない連絡のための電話
⑤その他の連絡やお願いの電話など

　①については，Ⅱ-15で記述しているので，省略する。
　②がいちばん保護者とのトラブルを起こす原因になるものである。熱が出た場合などの病気の際は，すぐに電話連絡をして早退させる。問題は，事故の場合である。特に「頭部・首から上のけが」は，すぐに一報を入れるとよい。これは，絶対に必要なことである。たいしたことがなく，保健室で寝ている程度でも，一報を入れないと，今の保護者はクレームを言いかねない。特に問題なのは，けがをさせた相手がある場合である。詳しくは，「けがの防止の危機管理」のところで記述するが，②の場合は，誠心誠意すぐに対応しないと，足もとをすくわれる可能性がある。
　③④⑤は，「保護者が帰宅する時間帯に」が原則である。通常の場合なら，夕方の6時頃から遅くとも8時くらいまでが常識の範囲であろう。保護者へ電話をかける時間帯も，教師の常識が問われることになるので，意識しておくことが重要である。

◎家庭への電話連絡は常識の時間内で
○けがの際の電話連絡は緊急性も含め，管理職と相談する

Ⅱ 「保護者対応」に対する危機管理

☐ できている

Ⅱ-18
自宅の電話や携帯電話の番号を不用意に保護者に教えていないか？

　昔は，教師として子どものことに熱中する教師がもてはやされた。今の教師たちもその姿勢は決して変わってはいないと，私は信じている。しかし今はどんなことが起こるかわからない時代である。教師をしていれば安泰であるという「神話」は，完全に失われている。

　なかでも，教師の精神的健康面で，いつ，どんな状況に置かれるかは，予想がつかない。昔であれば，教師は親同然で，どんなことでも相談し，家庭と密につながっていた。今は，「むやみに教師が自宅の電話番号や携帯電話の番号を教えないように！」と，教師のメンタルヘルスを担当するカウンセラーが言う。

　教師は，基本的に真面目であり，何でも自分で頑張って解決しようとする。その姿勢をカウンセラーは指摘する。子どもの問題がこじれると，教師の自宅まで平気で電話をしてくる保護者もいる。なかには，いやがらせのように，夜遅くに何度も電話をかけてくるような場合もある。そのうち，教師はノイローゼ状態になり，病休・失職を余儀なくされるケースも見られる。

　ここは，「割り切り」が肝心である。仕事は仕事。プライベートはプライベート。教師もそのようにして自分の精神的健康を保っていかなければ，続けていけない時代である。だからこそ，仕事の電話は，学校で済ませる。これが鉄則である。そして，どうしても必要でない場合以外，簡単に自宅の電話番号を教えるべきではない。このように言わなければならないのは残念なことでもあるが，これも今の教師に必要な危機管理の一つなのである。

○むやみに自宅の電話や携帯電話の番号を教えない

できている □

Ⅱ-19
教師は学校の「公人」であることを意識しているか?

　教師は,学校にいる以上,常に「公人」として振る舞うことが大切であると,私は最近つくづく思う。「公人」とは組織人であり,良識者であるということだ。昔のように,自分の教育観を振りかざして他の教師と対立したり,自分の考えだけで問題を解決したりすることは,現在の学校には合わなくなっている。コンプライアンスが厳しくなり,学校職員自体も厳しく管理されている。「自分が正しい」と思っても,学校の組織人の行動として正しいか否かは違う。

　子ども同士のけんかなどがあった場合,相手を傷つけた子どもに対して,昔なら「頭ごなしに叱りつける」指導をしていたのかもしれない。しかし今は,加害者の子どもの保護者への対応や,加害者自身が叱られたショックから不登校にでもなり,それがこじれて教師のパワーハラスメントとして訴えられでもしたら……など,いろいろと考えると,頭ごなしに叱りつけることなどできない。「どうやって納得させるか」が大きな課題になっている。これも「公人」としての立ち居振る舞いを要求されていることの例である。

　また今,学校の問題は「チームで解決する」時代であり,一人が責任をかぶらず学校全体の責任として対処していくことが重要とされている。保護者が感情的に訴えてきたことに対しても,即答するのではなく,「もう一度協議させていただいた後,お返事いたします」などのように答えるべきである。本来,教師は「聖職」で,自分の信じた教育観をもち,指導に当たることが美徳とされてきた。しかし今,職業的教師として生きる教師には,この「公人」としての姿勢が危機管理上,重要なのだ。

　◎教師は,常に「公人」としての意識をもち,行動を選択すること

☐ できている

Ⅱ-20 保護者に電話連絡をする際には, 必ず管理職に内容を報告してからしているか?

　子どものことで家庭に連絡をする場合には, 管理職や学年主任に話の内容を報告してから電話するとよい。ここには, 大きなメリットが二つある。

　一つめは, 報告することによって, 自分には考えつかなかった注意点や保護者への強調点など, 内容を整理してから電話することができるからだ。電話の最中で, 教師自身が保護者の説得に迷ってしまう前に,「このことを伝えたら, 電話を切ろう」など, 事前に考えを整理できるからである。特に込み入った内容の場合には, 電話で伝えようとする内容を, よりしっかりと管理職などに報告しておくとよい。

　二つめのメリットは, 家庭連絡する前に管理職や学年主任に報告することで, 学級担任の一存で行ったものではなくなり, 電話の内容の責任が, 学校としての対応となるからである。その意味では, 学級担任自身の危機管理上, 管理職などに報告してから家庭連絡をすることは, 危険の回避にもつながる。

　保護者との対応で学級担任が失敗するケースとしては, 学級担任の一存で行った結果, トラブルになることが非常に多い。やはり複数の目, 耳, 考え方で事象をとらえ直してから, 事に当たることが大切である。とはいえ, 学級担任として日々, 子どもたちと共に暮らしていく中では, 即断即決を余儀なくされる場合も多い。しかし, そのようなときにも,「ちょっと待って, 他の先生の意見も聞いてみよう!」という姿勢をもてるようにすることが大切である。

○家庭への電話連絡の際には, 管理職や学年主任に内容の報告を!

できている ☐

Ⅱ-21
保護者からの相談があった場合に,必ずその日のうちに1回は返信しているか?

　保護者からの相談があった場合に,必ずその日のうちに1回は返信すること。これは,保護者との信頼関係を保つ上で,きわめて重要なことであり,絶対に心がけておかなければならない。

　うっかりその返信が遅くなり,翌日になってしまうと,最近の保護者は,「うちの子の担任は,親身になってくれない」とか「ちょっといいかげんだ」などとすぐにとらえてしまう傾向がある。また,企業で働き,即決対応を求められる企業人的意識でいる保護者の場合はなおのこと,「やっぱり,先生って,公務員だから」などと教師を批判的にとらえるであろう。

　残念ながら,今の時代の教師は,大きな教育観をとることより,こまめな,働きバチのような気づかいのできる教師の方が,保護者からの受けがよい。保護者の相談事には,早め早めの対応が基本である。保護者が相談事をするのは,学級担任に何らかのサインを送っていることでもある。それにすぐに答える教師は,保護者から信頼される教師になっていくのである。

　ほんの少しの対応の遅さが学級担任を危機的立場に追い込んだり,反対に,ちょっとした気づかいに対する意識のもち方で,学級担任の信頼度を増したりすることになるのだ。

○保護者からの相談事には,その日のうちに1回は返信すること

☐できている

II-22
個別懇談では，子どもの客観的なデータをもとに話をしているか？

　よく「塾の先生の方が信頼できる」という保護者の声を耳にすることがある。これは，教師として非常に残念なことである。小学校・中学校の教師よりも学習塾の先生の方がよいという気持ちに保護者がなるのは，なぜだろう。それは「客観的データ」である。学習塾では「客観的データ」に基づいた考え方をし，わが子の試験での成績を他と比べて，シビアに出してくるからである。

　いつの頃からか，小学校も中学校も「みんなよい子主義」の中で，シビアな学業成績すら「みんなよい子主義」をとるようになってしまった。なかには「小学校ではよい成績だったのに，中学校では全然だめになった。小学校の成績は信頼できないのではないか」という保護者もいる。

　小学校の教師も，客観的データをもとに保護者と個別懇談をしよう。「単元末のワークテストの成績の平均」や「観点別の平均値」など，今は，成績を客観的に抽出できるソフトもある。使える物は有効に使い，保護者をより納得させられる客観的データをもって個別懇談をしよう。私は毎回，国語・算数・理科・社会の客観的データをそろえて個別懇談に臨むようにしている。

○客観的データをもとに個別懇談に臨もう

できている ☐

Ⅱ-23
個別懇談では，保護者と正対しないように机の位置を考えているか？

　これも今では常識化していることかもしれないが，大切なことである。昔は，保護者と向き合って互いに正対して話をすることが多かったが，今は教師もさまざまな工夫をして，個別懇談の机の位置を決めている。L字の形に机を置いたり，あえて机と机を離して置いたりするなど，創意工夫が見られる。私は，常に「三角形の位置に机を置く」ようにしている。保護者がどこの席に座っても，正対しないで済むからである。

　正対した形では，真正面から相手を見ることになり，互いに緊張する関係になりがちである。心理学者なども，「正対する形は，敵対する雰囲気を醸し出す」という意味のことを言っている。形を崩すことは，あえて「リラックス感」や「自由感」を出すことで気持ちを落ち着かせて，共感的に話をする雰囲気をつくることにもつながる。また，正対しない座り方の場合，何か資料などを見せる時に，自分もほぼ同じ向きで資料を見ることができるというメリットもある。

　個別懇談の机の位置は，たかがその程度と思われる教師も多いと思うが，机の位置によって気持ちのもち方自体もずいぶん変わってくるものなので，ぜひ試してほしい。

○個別懇談の際は，机の位置を考えること

☐できている

Ⅱ-24
個別懇談は、時間厳守で行っているか？

　今の時代、時間にルーズな教師は、それだけでダメである。これは当たり前のことである。個別懇談の際にそのことが一番よくわかる。ある先生の学級だけ保護者が3人も教室の外で待っている、などというのは、やはりまずいことである。

　個別懇談で一番先に気にしなければいけないことは、時間である。特に「開始時刻」である。開始時刻は、事前に保護者に伝えてある。それにもかかわらず、開始時刻に懇談が始められないというのは、それだけで保護者の不快感を増していく。

　懇談中は、保護者がなかなか席を立たなかったり、つい話しすぎたりする場面もあるであろう。そのような時に、私は「申し訳ありませんが、時間になりました。またいつでもお話をうかがいますので」と言って、私自身が席を立つようにしている。これなども、個別懇談での時間を守る秘訣である。

　保護者はわざわざ仕事を休んで、学級担任から子どもの話を聞きたいと思って学校へ来る。その思いに応えるべく、できるだけ簡潔に要点をとらえて話をし、時間を守る。これが、良識者としての教師が行う、個別懇談のあり方である。教師が時間を守る中で、親身に話をしていくと、自ずと保護者も納得して、その場を立ってくれる。

　また、個別懇談を終える5分前くらいまでには「おうちの方からは、何かお話ししたいことはありませんか」と切り出すようにし、早めの時間に保護者に話をさせるようにすることも重要である。

◎個別懇談では、「時間を守ること」は必須である

できている ☐

Ⅱ-25
個別懇談では,その子のよいところ,優れているところを先に伝えているか？

昔であれば,春の家庭訪問,学期に一度ずつの個別懇談と,年に4回くらいは保護者と懇談することができた。しかし今は,「子どもが元気で問題なく学校に行っていれば懇談しなくてもいい」という意識の保護者も多い。まして「家庭訪問」は,忙しいのに家まで訪ねられて煩わしいという意見も多いことから,しなくなってきている。

最近の学校は,保護者との懇談は年に一度か二度というのが現状であろう。だからこそ,この懇談の仕方が大切なのだ。個別懇談では,本当に短い時間に,その子どものことについて端的に保護者と懇談することが求められる。そのため懇談には,その教師なりの工夫が必要となる。私は,以下のような手順で保護者との懇談を進めるようにしている。いわば「個別懇談のストラテジー（戦略）」である。

①まず保護者にこちらから挨拶をする
②その子どものよいところ,優れているところを話す
③日常の学校生活の中での課題や問題点をデータをもとに話す
④その課題の解決策について提案する
⑤保護者の考えや学校側への要望や聞きたいことなどを尋ねる
⑥保護者の要望や質問などに答えられるところを答える
⑦挨拶をして自ら席を立つ

最初にその子のよさや優れているところを伝えることは,絶対に大切なことである。そのことで保護者は,「この先生はわが子のことをわかってくれている」という安心感をもつものだ。

○個別懇談では最初に子どものよいところを話す
○個別懇談の"戦略"をもとう！

☐ できている

Ⅱ-26 個別懇談では、課題とともに対策（処方）も伝えているか？

　個別懇談で「この子の課題は〇〇ですね」と保護者に課題だけを突きつける教師も未だに珍しくない。

　私はある保護者に言われたことがある。「うちの子をほめて，大丈夫って言ってくれた先生は，初めてです。うちの子はいつも勉強しないことをどの先生にも言われていましたから，とても意外でした」と。

　ここからわかったことは，これまでその子どもを担任した教師が，その子の「勉強しない」ということを常に課題として指摘してきたことである。また保護者はその「勉強しない」ことにどのように対応したらよいかという，具体的な処方については，ここまでなんらもちえないまま来ていることもわかった。

　私は個別懇談での「子どもへの課題」の伝え方は，次のようにあるべきだと考える。

①その子の現状を分析し，課題を導く
②その子の家庭や保護者の生活の仕方などを踏まえた上で，その中でできる具体的な処方を考える
③保護者に課題と具体的な処方を伝え，できるようにお願いする

　私はその保護者に「『ドリル終わった？』とだけ声をかけてください」とお願いした。「あとはすべて私の方で見ます」と付け加えて。その後，子どもには放課後にその日の宿題を学校でさせてから帰すようにした。すると家でも徐々に学習するようになった。その子は，学年末には「勉強することが楽しい」と言い始めた。「わかる」「できる」ことで，子どもは勉強することが楽しくなるのだ。

○子どもの課題には必ず処方も付けて保護者へ提案
○処方はより具体的に！

できている☐

Ⅱ-27
個別懇談では、「共に考えていく」という姿勢で親に伝えているか？

　個別懇談の際には、共感的姿勢で保護者と向き合うことが必須である。教師の側から矢継ぎ早に子どもの課題を言ったり、保護者に「聞きたいことはありませんか」とばかり言い倒したりしてしまうと、今の時代の保護者は、それだけで不快に感じたり不信感をもったりする。こうした機会に保護者の不信感を買ってしまうことが学級運営上、マイナスであることは言うまでもないが、さらに言えば、ここでの保護者の学級担任への印象は、今後の子どもの指導にも影響する。今の保護者は、必ず学級担任の印象を家に帰って子どもに話す。そうすればその保護者の印象で、次の日からその子どもの学級担任への接し方も変わってくる。だから、大げさな言い方をすれば、子どもの指導がやりやすくなるか否かは、この個別懇談の保護者の抱く印象で決まってくるともいえる。

　私は、今の時代、「共感的姿勢」はどの場面でも必要であると思う。子どもに対する時も、保護者に対する時も、教師同士の場面でも、それは必要なことである。特に個別懇談では、保護者の困りぐあいに一つずつ冷静に対応していける教師でないといけない。保護者は今、子どものことで何に困っているのかを瞬時に察知し、どうしていくといいのかを共に考えていくことが求められる。決して教師の側から保護者に「ものを言い放つ」姿勢で接してはならない。そのような姿勢はどんな時にも学級担任のしぐさや言動にあらわれてしまうものであり、それがいつかトラブルをひき起こすものである。

◎常に共感的姿勢を心がける
○保護者との懇談では、話を聞く姿勢も

□ できている

Ⅱ-28
個別懇談で子どもの生活上の問題や学習上の課題を伝える場合は，具体的な場面や行動を話しているか？

　個別懇談では，共感的姿勢で保護者の困りぐあいに寄り添うかたちが基本であるが，すべてそうはいかない。学校での様子を伝える際には，その子どもの行動で困ることを伝えなければならない時もある。その場合には，「これこれの状況になると，必ず……になること」「漢字の学習では，形を認識することが苦手で"鏡文字"が多くなること」などのように，きちんとその子どもの行動や習慣，習性をとらえて，具体的な姿で伝えるべきである。

　その次に必ずするべきことは，「おうちでは，いかがですか？」「おうちに帰ってからの様子で何か気づかれませんか？」などと保護者の認識を確かめることである。保護者が認識していない内容を教師がねちねちと伝えることは，保護者に反発の感情をもたせるだけの結果になりかねない。もし，保護者の認識が浅ければ，「学校でももう少し様子を見てまいります。ご家庭でもまたその場面を見ていただけるとありがたいです」などと，軽く切り抜けることが望ましい。

　また，もし保護者が学級担任の指摘に呼応して，困った様子を訴えてきたならば，次の対策を具体的に伝えていくことが必要であろう。なかには学習障害による場合など，子ども本人の努力ではどうすることもできない場合もある。その際には，学習障害の傾向性なども認識した上で，検査などを適切に勧めることなども必要になる。しかし，こちらからすぐに検査をもちかけることは危険である。保護者からの申し出があってから対応することがベストであろう。

◎個別懇談では，課題はより具体的に
○保護者の困りぐあいに寄り添いながら話す

できている □

Ⅱ-29

保護者からの相談事には，快く対応しているか？

　保護者からの相談事——これは危機管理上，大変重要な局面である。もし学級担任に保護者から電話や直接面談で相談事をもちかけられる機会があったら，慎重かつ丁寧に処理をしていかないといけない。相談事の場合は，あまり即断即決しない方がよい。その保護者からの訴えをよく吟味する上でも，訴えの内容を聞いて後に連絡することを確認する。その際に絶対に忘れてはならないフレーズがある。それは「ありがとうございました。私も教えていただき，助かりました。改善できるように善処いたします」というフレーズである。ここで大切なことは，1)学級担任が謙虚であること，2)教えてもらってありがたかったという意思表示，3)必ず考えていくという意思表示，である。

　一般的に保護者からの相談事には，次のような内容が多い。

①わが子自身の成長について……学習の仕方や性格・子育て
②わが子の人間関係について……「いじめ」や人間関係のトラブル
③学級の様子について……学級の雰囲気や学習のさせ方

　①は比較的個人的な内容で，基本的に個別に対応すればよいが，②となると，学級担任として具体的な対応が必要となる。また，人の心がかかわるものとしてデリケートな対応が求められる。③については，学級担任の学級運営の仕方についてのクレームというケースが多い。

　ただ，どのような相談に対しても，まずは明るく「教えていただきありがとうございました」という姿勢が，学級担任には求められる。

◎保護者の相談事については快く対応する
○保護者には「教えてもらって感謝」の気持ちで

☐ できている

Ⅱ-30
子どものことと保護者のことは、一線を引いて考えるようにしているか？

　保護者から重大な相談事があった場合でも、子どもの指導と保護者との対応は別に考えるべきだ。保護者からの相談内容については、まずはいったん学年主任や管理職に報告し、対応を決めてから動きに入る。この方が、問題がこじれた時にも対応できる。

　よく、保護者から相談された内容を、すぐに子どもに確かめようとする教師がいるが、これはまずい。子どもにかかわる内容だけに、慎重に対応しないと子どもの心を踏みにじることにもつながりかねない。したがって、子どもから事情を聞く場合には、きわめて慎重に、相手に寄り添って聞いていくことが求められる。なかには、保護者が勝手に決めつけていたりする場合もないとは限らない。その意味でも、保護者への対応は、子どもの指導と一線を引くかたちで対応しないと、かえってややこしくなる。子どもたちはとてもデリケートで、学級担任に一度でも「見放された」「疑われた」という感覚をもつと、もう学級担任のところへは戻ってこない。学級担任は常に子どもたちに「先生は君の味方だよ」というサインを送り続けないといけない。

　保護者に報告する場合でも、事の次第を、訴えのあった保護者にすべて伝えてよいわけではない。子どもの名前やプライバシーにかかわることを他の保護者に伝えてよいかどうかを考える必要がある。

　私たち教師は、常に教育的配慮のもとで情報を扱うべきなのである。その意味でも、子どもの指導と保護者への対応は、一線を引いて考えるべきだ。

◎子どもの指導と保護者の対応は、一線を引く
○保護者の訴えには慎重に対応！

できている ☐

Ⅱ-31
保護者からの相談事を軽はずみに，その子に知られるようなことはしていないか？

　保護者からの相談事は，学級担任に何とか対応してほしいという願いから寄せられるものである。その陰には，その保護者の子どもには知られたくない訴えもある。このことをわかっているか否かは，大切なことである。

　なかには，保護者が子どもの気づかないところで，子どもの成長や子育ての悩みについて相談する場合もあるが，多くの場合，子どもは保護者が学級担任に相談したことを知っているものだ。これはある意味，相談した保護者やその子どもに学級担任が試されているという自覚をもった方がよい。「この先生はどこまで自分のこと・わが子のことを考えてくれるのか」「どういうやり方で問題を解決してくれるのか」を待っているのである。その意味では，学級担任はしっかりと相談事を理解し，状況を把握してかからなければならない。

　ただあけすけに，保護者から相談を受けたことをその子どもやそこにかかわる子どもに伝えるのでは，子どもが引いていく。大切なことは，学級担任が相談事について，他の子どもや相談された子ども本人にも処方がはっきりするまで悟られないことである。この様子を一番よく見ているのが，子どもである。だからこそ，1回できれいに解決へ向かうようにしなければいけない。その過程は，できるだけスマートに粛々と行わないといけない。途中でそれがまずくなると，保護者への説明もまた微妙になってしまう。そこからトラブルになっていくことも多い。

○保護者からの相談事は，子どもに悟られないようにする

☐ できている

Ⅱ-32 保護者には，今の社会や子どもの世界をわかりやすく伝えながら話をしているか？

　教師は，時代の流れに敏感であることが常に求められる，と私は思う。企業ではこんな人材を欲しがっている，社会ではこんなことが流行している——そんな時代をとらえつつ，だからこそ今，子どもたちに付けていかなければならない能力は何か，また，その力を付けていくために，小学校時代にどんなことをしていく必要があるのか。これらの過程を，教師である以上，常に考えておかなければならないと，私は思う。また，そうした内容の話を理の通ったかたちで伝えられると，保護者も意外と納得するものだ。

　このことは，教師が漫然と同じことを繰り返していてはダメだということを物語っている。たとえば，10年前の同じ学年の同じ教科の同じ単元のプリントを出してきて，「使えるか」と思って見てみると，やはりちょっと違っていて，そのままでは使えないことがわかる。教育は「生き物」であり，時代と共に常に変化しているのだということをわかっているか否かは，とても重要である。

　よく「学校の先生は，世の中の常識を知らない」などと評される。漫然と同じことを繰り返すだけでは"時代遅れ"になってしまうのだ。常に頭を働かせて，時代を切り取り，そこでできることは何なのかをしっかりと見据えることは，保護者に対して説得をしたり，物事を伝えたりする時にも意味をもってくる。子どもたちは，「今」の時代に生きるのだ。だからこそ，教師は，「今」を見抜く力をもっていないといけない。

○保護者には，今の社会や子どもの世界を伝えて，話を進める

できている ☐

Ⅱ-33

今の保護者の感覚を踏まえつつ，保護者と話しているか？

　前項で，「今の時代をわかりやすく伝えながら保護者と話をするように」という話をした。と同時に私たち教師は，今の保護者の感覚や意識などを敏感にとらえながら話をする必要がある。たとえば，昔ならけんかなどで相手を傷つけたとしても「お互いさま」で終わったことも，今ではそうはいかない。いつ誰がどのようにしてどうなったかなどを丁寧に言わないと，納得しない保護者も多くなった。

　時代の流れの中で，少しずつ学校の中の常識も変わっている。今では，「加害者の保護者に伝えること」や「学校側のその後の処理の不十分さ」まで指摘してくる保護者も珍しくない。その意味では，今の親や大人の感覚を敏感にとらえながら対処することが必要となる。

　うつ病などの精神疾患にかかってしまう教師の中には，この「時代の変わり方の速さ」についていけないで心に傷を負った人も少なくない。保護者がどこでどのように反応するかは，予測不可能と言ってよい。だからこそ，学級担任の側で，落ち度がないように丁寧に一つ一つ対応していかないといけないのだ。

　具体的な対応については，それぞれの学校になんらかの経験的対応マニュアルがあるかもしれない。また，近くの同僚に相談することも重要である。自分から「こんな時，どうするといいですか？」としっかりと声を上げることで，他の同僚の経験知を参考にさせてもらえることも多いはずである。

○保護者と話してよい内容かどうかを常に検討する
○近くの同僚の経験知を頼れ！

Ⅱ　「保護者対応」に対する危機管理

☐ できている

II-34 「保護者の困っていることは何か」をとらえて、話をしているか？

保護者は学校に相談事をもちかける際に、たくさんの複合的な内容をいっぺんにぶつけてくることが多い。ときには、かなり前の二つの事件を同時に引き合いに出して、それも解決してほしいという保護者もいる。また、子育てで悩み、わが子のどこが気になるのかをいくつもあげてくる保護者もいる。興奮すればするほど、いくつものことを言いたくなるのは、親の心理であろう。

教師は、その保護者の相談事にしっかりと共感的に耳を傾け、話を整理していく必要がある。相談に来ている保護者の困っていることは何なのか、これをしっかりととらえ、保護者に確認していくことは、とても重要なことである。私は、保護者からの相談事の際には、次のことを心がけている。

①メモをとること
②メモをとることの承諾を保護者から得ること
③まず保護者に話をしてもらい、すべて聞くこと
④保護者の話の中でのポイントを整理して問い直すこと
⑤相談にきたポイントを保護者に確認すること
⑥うなずきながら聞くこと
⑦「～したのですね」など、共感的な態度で保護者の話を返すこと
⑧学校側でこれからしていくことを伝えること（すべてではなく）

保護者の困っていることや不安感に正対することは、教師への信頼につながる。

○保護者の話したいことの中心をとらえる
○整理しながら、保護者の話を聞く

できている □

Ⅱ-35
常に共感的態度で保護者に対しているか？

　今の時代の教師には，常に保護者に対する共感的態度が不可欠である。たとえ，その保護者が時に無茶なことを言ってきたとしても，「そうですか」「なるほど」「ありがとうございました」と，いったんは必ず受け入れる態度が必要になる。その上で，「こちらでもう一度検討して，のちほどご連絡いたします」などと，冷静に対応することが大切である。その場で学級担任が意見を述べてしまうことは，火に油を注ぐことにならないとも限らない。ゆっくりと冷静に，「そうですね」「そうなのですか」というカウンセリング的な対応は，学校の教師すべてに常に必要とされる技能であると言っても過言ではない。

　興奮して電話してくる保護者や，本当に教師にすがりたいと思って連絡してくる保護者，また，学級運営の改善や人間関係の修復を希望する保護者など，本当にさまざまである。どのような場合であっても共感的に受け入れる。まずはそこからのスタートである。保護者もいったん受け入れられることで，ホッとする場合も多い。現代という，ギスギスしたゆとりのない時代に，学校の教師が受け入れてくれることで救われたと感じる保護者もいるだろう。最近，個別懇談でやさしい言葉をかけると，「泣き出す保護者」が多くなったと私は感じている。教師が受け入れることで，癒される保護者がいるのであれば，それも教師として大切な任務であると私は思う。

◎常に「共感的態度」で保護者と向き合う

III 日常の「授業づくり」に対する危機管理

　日常の授業の乱れは，すぐに学級崩壊につながる。だから授業づくりは，教師の危機管理の中でも最も重要なところである。日常の授業の中に，学級崩壊につながる要因は多々存在する。教師本人が気づかないところで，子どもたちは，保護者は，ひそやかに不満をためていくのである。

　教師は授業が命であるが，学級崩壊の起こらない学級の授業には，道理にかなった，無理のない，それでいて，そつのない配慮が多く見られる。しかし，それらはあまり語られることはない。ちょっと厳しい先生，甘い先生，それぞれに，その先生なりの考え方に基づく配慮がある。その配慮がしっかりと子どもに伝わり，保護者が一応納得すると，その先生を様子見する生活が始まる。ただそれは始まりに過ぎず，いつどんな時にどうなるかは，誰もわからない。

　最近は昔ほど「学級王国」をつくらない傾向はあるが，まだ語られない，教師独自の洞察力や考え方，子どもへの言葉の選び方など，「暗黙知」の部分が多いのも現実である。もっと詳しく述べると，子どもたちにふだんから，授業に向かう姿勢や態度をしっかりと伝えていくことや，子どもたち自身に授業でよくなろうとする意識を植えつけさせること，教師への反感を起こさせないこと，また教師への反感が何らかのかたちで抑えられていること——これらの中に，教師としての語られない「経験知」がある。しかし，

どんなに経験年数をもっている教師でも，どんなにある学校で立派だったといわれる教師でも，学級崩壊は起こりうる。逆に，新米で経験年数の少ない教師であっても，上手に子どもを導ける教師もいる。ちょっと変わった教師でも，子どもから崇拝されるぐらいの不思議な魅力をもった教師もいる。

　また，優れた研究授業をする教師が，すべていい教師であるわけでもない。やはり保護者は，1時間のよい授業よりも子どもの1年間の生活の充実を期待する。大切なことは，教師は「生活者」であり，「一発屋」ではないということである。子どもの心を育て，大人にしていくために鍛えていく必要があり，最低1年間は，その子どもたちと生活を共にするのである。だからこそ，日々の授業や給食指導，清掃指導などあらゆる面での配慮をもった教師である必要があるのだ。

　しかし，なかでもやはり授業が一番大切である。授業は，ゆったりと粛々と，落ち着いた中で行われてこそ，子どもたち一人一人の理解につながる。

　本章では，学級担任としての危機管理上，「授業づくり・学級づくり」で意識してほしい点をあげてある。またこの内容には，学習指導要領でも強調されている「思考力・判断力・表現力」を伸ばすためにも有効な手だてが多く盛り込まれている。

☐ できている

Ⅲ-1
始業時に今日一日の授業の見通しはもてているか？

　朝のうちに今日一日の流れはもちろんのこと，各時間の授業の流れもしっかりと把握しておく必要がある。教師は子どもが登校して来ると，もうほとんど教材研究をする暇などない。突発的な事故や問題が起こったり，連絡帳などでの相談事が舞い込んだり，待ったなしの状況が常に起こってくる。だからこそ，一日の流れをしっかりと頭に入れておく必要がある。この作業を怠ると，場当たり的な，思いつきの授業をしてしまい，子どもたちの「なんとなく」の流れを容認することともなる。そこから，「授業が面白くない」と言い始める子どもが出てきたり，教師自身も「妥協の授業」をしたりしてしまうことになる。

　大切なことは，次のことである。
　○教科書のその日に教えるページには，前日もしくは朝のうちに必ず目を通す
　○その日のそれぞれの授業の山場（子どもに考えさせる場）を考える
　○必要な資料などは準備しておく

「本時のねらい」「本時の中心」はなるべく一つに絞り，そこにこだわった1時間の授業づくりを考える。あれもこれもと欲ばると，授業のねらいが子どもにわからなくなることが多い。それは，学力の充実にもつながらない。

　放課後には，さまざまな残務整理や会議などがある。できたら朝30分早く学校へ行き，今日の授業づくりを集中的に行うことも効果的だ。

◎**必ず教科書に目を通すこと**
○**朝30分間の教材研究**

できている □

Ⅲ-2
学級の「朝の会」で今日一日の流れを子どもにきちんと説明しているか？

　一日の流れを子どもにきちんと説明することは、教師の義務といってよい。特別支援の必要な子どもの中には、急にスケジュールが変わるとパニックを起こしたり、その流れを受け入れられなくなる子どももいる。それだけではなく、一日の流れを伝えないでいることで、最近の子どもたちは、「聞いていなかった」「なんでそんなことをするのか」などと言い始める子も多い。それが重なると教師不信となり、授業を聴かない子が出たり、さまざまな子どもの問題行動や生活の荒れにつながったりする。最後には、学級崩壊状態を招くことも十分ある。

　そうならないために、教師は子どもの立場に立って子どもの動きを考え、生活の中で子どもが無理のないかたちを事前に考えておく必要がある。また、一日の流れを子どもたちに伝えたら、必ず「質問はありませんか？」と子どもに問うことも忘れないでほしい。子どもは意外と子どもの立場から、教師が考えていなかったようなことを指摘してくれる。このことで、新たな問題点が見つかったり、教師が忘れていたことを思い出させてくれたりする。

　「今日一日、このように流れるのだが、みんなはどうだろう」と、子どもと一緒に生活をつくる姿勢で臨むことが大切である。「こうするんです、何が何でも！」という姿勢では、子どもに威圧的に向かう教師の姿勢が学級全体に波及し、子どもたち同士も人の意見を聞かない学級になってしまう。学級内の支持的風土（認め合う姿勢）は、こんなちょっとした教師の構え方から始まることを肝に銘じておこう。

◎必ず一日の流れを事前に確認
◎一日の流れを聞いた子どもに質問がないか確認

☐ できている

Ⅲ-3

授業のはじめに，授業開始の挨拶をしているか？

　授業開始の挨拶は必ずする。そんな堅苦しいこと別にしなくてもいいのに，と思う人がいるかもしれない。またなんとなく，他の教室でもしているからしなければならないと思っている人も多いだろう。しかし，授業開始の挨拶は，意外と重要なのである。授業開始時に体の動きが止まらない子や教科書が出ていない子，好きなことをし続けている子などがいる。これらの動きが，授業中の雰囲気を壊していく。教師がそれを容認する姿を見せることで，子どもたちは授業に対する真剣さを失い，だんだんと授業が荒れていく。そのけじめをつける意味で，「授業開始の挨拶」がある。私は常に，次の手順で挨拶させる。

①子どもたちは座ったままで，日直に「気をつけ」と言わせる。この時点で，子どもたちは動きを止めて，手を膝に置いて黒板を見るようにさせる。見ていない子どもが黒板方向をしっかり見るまで，教師は，ただ子どもたちに正対し，「気をつけ」の姿勢で待つ（目配せしながら）
②日直に合図を送り，「これから〇時間目の□□の授業を始めます。礼」と言わせる
③子どもたちが，礼をする

「なんと堅苦しい」と思うかもしれないが，これは，子どもたちに「これから授業という真剣勝負が始まるよ」ということを感じさせるためである。この挨拶をする意味を，年度が始まったらすぐに，学級の子どもたちに伝えていく必要がある。

◎授業開始の挨拶の意味を伝える
☐挨拶の際，子どもの動きが止まっていること

できている ☐

Ⅲ-4
授業時間を，教師の都合でよく延ばしていないか？

　教師の都合で授業時間を延ばす。これはやってはいけないことである。このことを平気で繰り返す教師には，子どもはついていかない。授業に対する集中力がなくなったり，教師に対する苛立ちを覚えたりする子どもも出てくる。小さいことのようだが，このことで子どもの集中力・思考力は弱くなっていく。それだけでなく，教師への不信感も大きくなってしまう。

　まず大切なことは，「この授業で行うことは，これ！」と教師が明確に子どもに伝えることである。この「本時のねらい」が明確に子どもたちに理解させられたなら，子どもたちも自分ができるまで，時間を問わず，努力する。この「本時のねらい」も明確でないのに，子どもにだけ，教師の都合で拘束することは，論外である。

　そして，「本時のねらい」を学級全員の子どもが達成したら，そこで授業を終わることである。「一生懸命にがんばったので，ちゃんと授業ができた！　ありがとう。時間は少し早いが，静かにしていれば，読書でもしていていいよ」などと子どもたちに投げかけると，子どもたちは「ヤッター！　この次もがんばろう！」という気持ちになり，より集中して授業に取り組むようになる。常に「子どもと一緒に授業をつくり上げる」という考えを忘れないでいることである。ふだんからの教師のこういう姿勢が，授業での子どものがんばりを生むのだ。

◎「本時のねらい」を明確にし，子どもに伝えること
□子どもたちが「本時のねらい」を達成しているかを見きわめること
○「本時のねらい」が達成されたら，早くても授業を終わる

☐できている

Ⅲ-5

1時間の授業に取り組むべき課題を子どもに視覚的に明示しているか？

　子どもが取り組むべき課題を視覚的に明示することは、とても大切なことである。昨今、特別支援教育の視点からもこの必要性が論じられている。これができないまま、だらだらと授業をすると、参加できる子どもが限られ、数人の子どもと教師とのやりとりで終わってしまう。1時間の授業の課題が明示できない授業を続けていると、授業に参加せずに遊んでいく子どもが出てくる。このことが引き金で、学級が崩れることにもなる。

　子どもは、学校で勉強をしたい、わかりたい、という思いをもって入学する。学校が面白くない、いやだと思ってしまうのは、人間関係のトラブルがもとでそうなることもあるが、一番の原因は、「学校の勉強がわからなくなること」である。

　この授業ではどういうことをするのか、どうなると「できた」といえるのかを、あらかじめ教師が子どもに明示しておくと、子どもたちは自分たちでその学習を理解する方向へ進んでいってくれる。また一時的に集中が途切れてしまったような子どもも、黒板を見れば、今していることがわかり、授業に戻れるようになる。

　私は、どんな授業でも授業開始の挨拶後に、本時に子どもたちが取り組むべき課題を黒板に大きく書き、赤チョークで囲んでいる。子どもたちはそれを見るとすぐにノートに書き取り、本時の課題の理解を行っている。このような授業のスタイルは、4月当初の授業が始まる時に、課題を示すことの意味とともに子どもたちに説明している。

◎本時に子どもが取り組むべき課題を明示すること
○課題を明示している意味を子どもに伝えること

できている☐

Ⅲ-6
**各時間の板書のはじめに，
「日付」と「教科書のページ番号」を書いているか？**

　板書の際に「日付」と「教科書のページ番号」を入れているか否かで，その教師の子どもたちへの配慮の深さ，つまり板書は誰のために，何のためにしているかを意識しているかどうかがわかる。また，その板書に計画性があるか否かもわかってくる。私は授業のはじめに，黒板に「日付」と「教科書のページ番号」を書き，子どもたちにそれをノートに書き写させている。たかが「日付」と「ページ番号」だが，ここには，子どもたちがノートをとる習慣づけのための配慮がある。

　よくノートを使わず，プリントだけで授業を進めようとする教師がいる。授業にプリントを活用するのは差し支えないが，ノートのとり方やノートの活用の仕方を子どもたちに習得させることは，きわめて大切なことである。ノートを子どもたちにきちんと活用させられる教師は，教師としての力量が高い。研究授業を見に行って，子どものノートを見るだけで，その学級で行われている授業のレベルがわかる。

　「ノートをとる」習慣と「ノートで考える」習慣はとても大切である。「ノートで考える」という活動は，思いを言葉に，言葉を文に，文を説得力に変えていく行為である。きちんととられたノートは，テスト前などに復習する際にも活用できる。よく「ノートをとるのが面倒だ」という子どもがいるが，このような子には，我慢強さが足りないケースが多い。ノートをとる習慣は受動的な行為だが，ここで全体の流れに従う経験をしていく。一見，窮屈なようだが，これは社会で生きていく上で必要な我慢強さなどを育成する大切な機会でもあるのだ。

◎板書のはじめに「日付」と「ページ番号」を入れる
☐「ノートをとる」習慣づけと「ノートで考えさせる」習慣づけを！

□できている

Ⅲ-7 教科書を忘れた子どもには，手だてを講じてから授業を始めているか？

　子どもには授業を受ける権利があり，それをできるだけ教師はフォローしなければならない。昔の学校のように忘れ物をしたことで授業に参加させないということは，子どもの学習権の侵害になるのである。忘れ物をしたことに対する注意や指導はさておき，いざ授業になったら，子どもたちができるだけ授業を受けやすいかたちに心づかいをすることも，今の教師の使命の一つである。

　学年が単学級でない場合は，事前に他の学級の子どもから教科書を借りてくることも教えておくとよい。そのためにも，前の授業が終わった段階で，次の時間の授業の準備をさせてから休憩に入らせる習慣づけをしておくとよい。どうにもならない場合は教科書をコピーして渡す必要があるが，安易に渡すのではなく，以下の手順で行うとよい。

①前時終了時に次の時間の準備をさせる
②忘れている物を他の学級へ借りに行かせる
③教科書に書き込む作業などがなく，隣の子に見せてもらう程度で大丈夫な場合は，そのようにする
④個々に教科書に書き込んだり，教科書をじっくり見ることが必要な学習内容だったりしたら，コピーをとって子どもに渡す

　いずれにしても，教科書を忘れないようにしっかりと時間割表と合わせるなどの習慣づけを指導することが一番大切である。

◎教科書を忘れた時の対処法を伝える
□常に教科書を忘れていないかどうかを確認する

できている☐

Ⅲ-8
子どもがノートにとりやすい板書を心がけているか？

　このことを聞かれると，多くの教師は，「心がけている」と答えるだろう。そこで，別の言い方でも質問してみたい。「あなたは，『子どもが考える場』をノートでどのように作っていますか？」――。

　最も大切にしなければいけないことは，「子どもが考えていく過程でノートが使われるようにすること」である。つまりノートは，思考を巡らす場として存在しなければならないのだ。これは，学習指導要領で強調されている「思考力・判断力・表現力の育成」にも直結することでもある。ふだんの授業を通じて子どもの「思考力」等を育てていく手だてが，この板書の仕方にあるのだ。私は，必ず次のような流れで板書を構成するようにしている。

　①「題」(単元名・小見出しなど)　②「学習課題」　③「考える場」
　④「重要ポイント(まとめ)」　⑤「練習」　⑥「学習感想」

　この流れでノートをとらせていくと，子どもたちも混乱せずにしっかりと「書き，考え，わかる」という過程ができてくる。ノートは自分の成長の足跡ともなり，ノートに愛着をもつ子どもも増える。

　ここで一つエピソードを紹介しよう。私が若い時に，有名な教師の育てた学級の授業を見た。子どもたちは次から次へと発言するのだが，よく見ると活発に発言している子は10人ほどで，あとの子はほぼ聞いているだけだった。その教師の授業は，黒板に書かれた内容を子どもたちが書き残すことなどほとんどない形式であった。授業後に机上に置かれていたその学級の子どものノートを見ると，ほぼ落書きだけ。ノートは何のためにあるのか，自分なりの考えをもつべきだと痛感した。

◎ノートに子どもの「考えた」軌跡を残させる

☐ できている

Ⅲ-9

ノートに子どもの考えた軌跡が残るように板書しているか？

　前項でもふれたが，ノートを「子どもの考える場」として使うこと，そしてノートに子どもの「考えた軌跡」が残るようにすることは，とても大切なことである。ノートを活用して考えさせると，「図をかいて考えてみるとわかりやすい」など，子どもたち自身でさまざまな考え方を出してくる。これが，思考力の向上につながる。さらに，ノートに自分の「考えた軌跡」を残していくことで，「前より多くかけた」「今回は解き方がわかった」など，日々の学習で子どもたちは手応えを感じ，そのことが自信にもつながる。

　私は次のように板書をし，それをもとにノート作りをさせている。

○／○　p.23　「割合」
①さおりさんは，120cmのフランスパンを60cm食べました。パン全体の何割を食べたことになるでしょう。
（式）
（自分の解き方）
（答え）

　このように自分で考えるスペースを板書の際にあえて書いて，子どもに「考えさせる場」をつくるのである。子どもは，このスペースに自分の考えを書いていくのだ。算数だけでなく国語，社会，理科などでも同じように行い，子どもたちに「考える」習慣づけを図っている。

○子どもが考える場をノートに作らせる
○子どもの考えた軌跡を賞賛する

できている □

Ⅲ-10 「ノートに書くことが基本！」と子どもが自覚できるようにさせているか？

　ノートを書くことを習慣化し，効果的にノートを活用することは，学習指導要領で強調されている「基礎・基本の習得」と「思考力・判断力・表現力の育成」の上で大きな決め手となる。

　ノートを書くことを習慣化させるためには，次のことが大切である。私は「ノートの習慣化4か条」と呼んでいる。

①字を書くこと，自分の考えを書くことが「すばらしい」と思わせること
②ノートが役に立つと意識させる場面をつくること
③「ノートをとりたい」という欲求を駆り立てる板書をすること
④ノートは定期的に集め，大きな○を付けてあげること

　①に関しては，子どもの書いた「字」をほめること，前より自分の考えを書けるようになったことをほめることである。

　②に関しては，前時の復習場面でノートを見ないとわからないことを質問するとか，テスト前にノートを見て復習してくるように促すことなどが効果的である。

　③に関しては，教科書には書いていない，塾や参考書のような「わかりやすいまとめ」を板書することである。子どもからすると，ちょっとわかりやすく得した気分になれる「まとめ」は，ノートに書きたい欲求を高めていく。その意味では，教師が参考書などを見ておくことも効果的である。

　④は，言うまでもなく，教師の職務の一つである。

◎「ノートの習慣化4か条」を実行
□教える内容に関する参考書などを見ておく

Ⅲ　日常の「授業づくり」に対する危機管理

☐ できている

Ⅲ-11
各教科のノートに書かれた子どもの考えを添削しているか？

　子どもの考えを大切にしているか？　どのように大切にしているか？　一部の，発言が得意な子どもの意見だけを「子どもの考え」としてはいないか？

　日々の授業を行う教師は，学級に子どもが30人，40人いれば，その子たち一人一人の考えをきちんとみていく必要がある。そのために，ノートに書かれた「その子の考え」をしっかりとわかってあげることが，なにより「子どもの考えを大切にする」ことなのである。

　だから子どもの書いた考えは，しっかりと添削してあげる必要がある。ただ○を付けるだけではなく，そこに一言書いてあげれば，その子との信頼関係も育ってくる。教師が子どもに自分の考えを書くことを要求したのだから，それをしっかりとみてあげるまでが教師の責任でもある。「忙しいから」「子どもの考えは机間巡視していてだいたいわかる」と言う教師もいるだろうが，すべての子どもの書いた考えを添削することは，どんな立派な授業よりも大切なことなのである。子どもに考えを書かせっぱなしにして放置していくと，子どもは自分の考えを雑に書くようになったり，すぐに「わかんない」と投げ出す子どもも増えたりしてくる。

　「子どもを授業で育てる」ということは，授業中に発言をする子どもを中心に育てることではない。学級のすべての子どもの考えに目を通し，その子の考えを認めていくことで，「子どもは授業で育つ」のである。

○子どもが「自分の考えを書く場」を設ける
○子どもの書いた考えを添削する

できている ☐

Ⅲ-12

ノートに「自分の考え」を書いた子どもをほめているか？

　人は，自分の考えをほめてもらうと，もっとがんばろうと思うものだ。子どもたちもそうである。特にふだん恥ずかしがって手をあげなかったり，人前で話せなかったりする子は，自信をもつようになる。ノートに書いた「自分の考え」に「すばらしい！」とか「おしい！もうちょっと」など，ちょっとした言葉を書いてあげるだけでも，「先生はちゃんとぼくのことを見てくれている」という安心感を子どもはもつ。また，子どものよい考えや，同じように考えていた子どもたちの名前などを，次の時間のはじめにみんなの前で教師が紹介してあげると，子どもはよりがんばろうという気持ちになる。

　まったく自分では考えがなかった子どもでも，「○○さんの考え方がわかりやすかった」といった感想が書けていたことなどをほめてあげると，次の時間からまた人の話をよく聞こうとするようになる。

　「わからない」と書いた子どもにも，「わからないと正直に言えたことはすばらしい！」と書いてあげることによって，子どもは，次の時間から「ここはわかったけど，○○の部分がわからない」などと少しずつ深化した考えを書くようになる。だから，「わからない」と書いた子どもにも，二重丸をあげていい。

　とにかく「子どもの考え」をほめてやることが，子どもたちの意欲づけにつながる。余裕があれば，たまに「すばらしいけど，ここはもうちょっと考えるともっとよくなるよ」などとピンポイントでの指摘を入れると，子どもはよりよく答えようとする視点をもつようになる。

◎すべての子どもの考えをほめる
○より深い考えに至るための指摘も入れる

□できている

Ⅲ-13 「……がわからない」と言ったり書いたりした子どもを賞賛しているか？

「○○の部分がわからない」と言ったり書いたりできる子は，しっかりと授業を聞いて，考えている子である。その子のいう「○○の部分がわからない」という指摘は，絶対に見逃してはならない。そこには，子どもたちの考えを深化させるポイントがある。子どもがわからない「○○の部分」というのは，基本的に子どもにとってわかりにくいところであったり，みんなでもう一度考えていく価値のあるところだったりする。その意味で，「○○の部分がわからない」と表現する子どもがいたら，賞賛に値する。

また，「○○の部分がわからない」と声を出せる学級は，互いに支え合う支持的風土が存在し，みんなで考え，みんなで追究することができる学級でもある。このような支持的風土を学級に築いていくために，教師は次のことを心がけるべきである。

①「○○の部分がわからない」といった子どもを賞賛する
②他の子どもが授業中に言った意見にヤジを飛ばす子どもを指導する
③教師も自分の説明では子どもがまだわからないと思ったら，素直に子どもに「どこがわからないか」を聞いてみる姿勢をもつ
④教師が何でも教えてしまうのではなく，子どもたちにお互いの意見で助け合うようにさせる
⑤話し方・話し合い方の基本をしっかりと教える

○「わからない」と言う子を賞賛し，その意味を語る
□「○○の部分がわからない」と言った子どもの考えの深化を観察していく

できている □

Ⅲ-14
ノートに書いた「子どもの考え」を授業で生かしているか？

　ノートに書かれた「子どもの考え」は，宝物といってよいほど大切なものである。「子どもの考え」の生かし方をみると，その教師の力量がわかる。「子どもの考え」を生かしきれないと，授業が教え込みになったり，単調な展開になる。子どもの思考力・表現力も育たない。
　子どもに書かせた「考え」の生かし方は，大きく三つの型に分けられると私は思っている。

①ノートを添削後，よい考えの子どもや参考になる考え方の子どものノートを掲示する（**ゆっくり掲示型**）
②ノートを添削し，次時の授業で，子どもの考えを紹介したり，発表させたりする（**次時発表型**）
③授業中に机間巡視しながら，参考になる考えを拾っていき，その授業の展開場面ですぐに発表させる（**即時発表型**）

　この中では③がもっとも難しいが，これが授業づくりの醍醐味であるともいえる。これが的確にできる教師は，力量が高い。子どもたちが書いた考えのどれを，時間内にいくつ取り上げ，どの順で発表させ，「本時のねらい」に迫るか。ここに教師の洞察力・授業構築能力が問われるのである。
　私は机間巡視の際には，大きな画用紙とマジックを持って回っている。発表させたい考えの子どもに，その大きな画用紙とマジックを渡す。こうすることで，教師が発表させたい子どもを明確に示すことができ，子ども自身も自分が発表しないといけないという気持ちになる。

◎**画用紙とマジックをもっての巡視**
○**「子どもの考え」の生かし方の三つの方法を実施**

☐できている

Ⅲ-15 各教科の特性を生かした「考える場」を毎時間用意しているか？

　中学校の教師はもちろん、小学校の教師にも、それぞれ専門教科がある。その専門について詳しくなり、授業が上達するのは、当たり前だ。しかし、小学校の場合には全教科を教えなければならない。昔は、「自分は体育が専門だから、それ以外の教科は教科書を読ませておけばいい」などと言う教師も多かった。しかし、今は違う。保護者は、どの教科の授業に対してもある程度高いレベルを求めているのである。昔と違って「まあいいや」「先生も大変だから」という保護者ばかりではない。今や、学級担任が「国語」や「算数」の専門でなかったために、がっくりする保護者さえいると聞く。

　また、子どもたちの方がもっと鋭い。教師が単調な授業の流れしか組めない教科は、必ず「つまんない」と言う。ある程度、専門性があり、子どもたちを生かす授業ができる教科になると「面白い」と言う。保護者や子どもはしっかりと先生を見て、評価しているのだ。

　そのような現状も踏まえ、各教科の特性を理解し、その教科の求める「ねらい」に迫る授業づくりをしていく必要がある。それは、その教科特有の「考えさせる」場づくりができるか否かにかかっている。

　そのためには、教師用の参考図書や実践事例集を読んだり、各教科の専門の教師の授業を見たり、尋ねてみたりすることが大切だ。これからの教師は、すべての意味で高い専門性を要求される。各教科での指導においても、ある程度の授業づくりができることが、大前提となる。

◎学習指導要領が求める授業づくりの研修
◎各教科の専門の教師の授業を見る

できている ☐

Ⅲ-16 子どもの「考える」軌跡を大切にしようとする誠意をもっているか？

「子どもの『考え』を大切にしよう」——これは，現代教育の原点である。と同時に，自分たちが教師を目指した出発点でもあったのではないか？ それがいつの間にか，教師にとって都合のいい「考え」だけを「よし」としていないか？ 途中で考えられなくなった子どもの考えを無視していないか？ 私たち教師は，すべての子どもに対する敬意と誠意を忘れては必ず危機が訪れる。

この項は，ハウツーを言っているのではない。教師の「見方・考え方」の問題である。子どもの「考える」軌跡を大切にしようとする教師は，地味である。脚光も浴びないかもしれない。しかし，泣きながら考え，言い直し，九九を覚える子どもにしっかりとした態度で覚えるまで言わせていく教師——ある意味，これも子どもの「考える」軌跡を大切にするということの一例だ。大事なことは，その子がなぜわからないのか，どうしたらこの子にわからせてあげられるかを考えることである。

あせることではない。「目の前の子どもをよく見る」——ただそれだけでよい。すぐに理解できる子もいる。しかし何度教えてもすぐに忘れてしまう子どももいる。どちらのタイプの子どもにも，その子なりの「考える」軌跡がある。その軌跡を知ることで，その子への指導の仕方が見えてくるのだ。学級のすべての子どもの考える軌跡を追える教師は，地味でもすばらしい教師である。

○「なぜ」という分析と「どうしていくか」という方針を考える
☐子どもの理解の傾向性をつかむ

Ⅲ 日常の「授業づくり」に対する危機管理

☐できている

Ⅲ-17 各教科で理解の遅い子どもをどのように把握しているか？

「他の子と同じようにしているのに，いや，むしろこの子にはわざわざ丁寧に教えているのに」……そんな思いをもちながら，学級担任をしている教師も多いかもしれない。

私は，子どもたちの様子を見守りながら，「なぜ，この子は理解が遅くなるのだろう？」「その原因は？」「どんな方法がいいのか？」など，さまざまな側面から考えたり試行したりしている。

たとえば，注意散漫になりがちな子どもは，座席を一番前の黒板の正面にするだけで，意外と静かにしっかりと聞くようになることも多い。また，理解していないことが多く，わからないことを恥ずかしがってごまかす子などは，教師の目の届く，教卓の前がよい。その子がノートで計算などをしている時ものぞいて，指導しやすいからである。

「あの子は，ぜんぜん理解していない！」などと嘆くだけでは何も解決しない。私たち教師は，教育の専門家である。教育現場では「研究者」としての視点ももち，個々のケースに応じた方策をとりながら，臨床的に実践していく必要がある。そのために，常に「なぜ」「どうして」「どのように」を自分自身に問いかけていく必要がある。

◎子どもの「評論家」になるより「研究者」である意識を
☐試行しながら子どもを見る

できている ☐

Ⅲ-18
理解の遅い子どもへの手だてを講じているか？

　理解の遅い子どもへの手だてについて，ここでは具体的な方策までは書けないが，子どもを見ていく際の視点を四つ紹介する。

　現在は，特別支援の必要な子どもも通常の学級に入っているケースが多い。その子たちへの対応については，また専門的な見方をしていく必要があるが，グレーゾーンと呼ばれる子どもたちも含め，自分の学級の子どもへの対応を考えていく際の視点となるだろう。

①「環境的視点」からのアプローチ……その子の座席の位置や隣の席に座る子どもの性格等や視覚的に散漫にならない掲示物などがこれに当たる

②「物的」アプローチ……机の上の物の片づけ方，授業中の視覚的な提示や具体的な物での指示（「プリントのここをする」）など

③「人的」アプローチ……「こういう人の話はよく聞く」とか「友達の○○さんが教えると理解が早い」などのように，人によって違いが出てくる可能性などを考えてみる

④「時間的」アプローチ……「算数の計算ドリルは1ページ3分でできるが，漢字ドリルになると注意散漫になり1ページ20分以上かかる」など，その子の傾向性をとらえる際にも使うが，「集中力の続く時間で，確実にできるようにさせる」とか「時間を意識させ，練習させる」などのトレーニングも有効である

このような視点で考えてみると，自分の学級の子どもへの処方が見えてくるかもしれない。

☐理解の遅いその子の傾向性や習性の把握
〇把握した内容をもとに分析・試行

Ⅲ　日常の「授業づくり」に対する危機管理

☐できている

Ⅲ-19 理解しているかどうかの「確かめチェック」を必ずしているか？

　国語や算数の授業は，子どもが新しい学習内容を理解し，繰り返し練習・復習し，学習内容を「習得」する過程が主である。その際に，節目節目に子どもの習得状況のチェックをしていかないと，いつのまにか子どもたちが習得できないままになっていても，教師は，わからないでいることになる。そうならないために，ふだんからの「確かめチェック」が大切である。「確かめチェック」は，学習課題を全体で解いた後に練習する中で行っていく。毎日そのためのプリントを作ったりする必要はなく，学習課題に似た内容を黒板に書くだけでもよい。

　その際に重要になるのは，その後の答え合わせの仕方である。

①みんなで答え合わせをすると……最も簡単な方法で，時間内に終わらせることもしやすいが，個々の子どもの習得状況を教師が把握しづらい面がある
②問題を解いた子から教師に見せに来ると……これは一人一人の答えを見ることができるが，時間がかかる。また子どもたちが立ち歩くことになるため，教室内が騒然とすることもある
③提出させて授業を終わると……これは，子どもたちにとって，次が休み時間だとさらに効果的である。特に，わからない子どもはなお必死になる。しかし，焦りや自分ができないもどかしさを，子どもにいっそうあおることにもつながる

どの方法も一長一短があるので，時と場合に応じてこれらの仕方を選択することが大切になる。

◎子どもの理解度を把握する
☐その子がどこで，どうつまずいているかを見きわめる

できている☐

Ⅲ-20
「確かめチェック」後は，全員にノートを提出させているか？

　前項で述べたように，「確かめチェック」は子どもの授業理解度を教師がきちんと把握するために重要であるが，「確かめチェック」後には必ずノートを提出させることも大切である。ノートに書かれた内容だけでなく，板書したことがきちんと書かれてあるか，最初の学習課題に対してどの程度自分の考えを書いているかなど，チェックするところは多い。これは子どもたちの学習状況を把握するのに有効なだけでなく，こうしたことを怠ると保護者から，「先生はうちの子のノートをまったく見てくれていない」「子どもが，先生の授業はわからないと言っています」などと，個別懇談になって一方的に言われ，返す言葉もなくなるケースも招きかねない。その意味でも，授業後にノートを定期的に集めて添削していくことは，必ずしなければならない。

　私は，できるだけ効果的かつ能率的にノートを見ていくために，次のようにしている。

①各教科のノートは，国語は火曜日，算数は水曜日，社会は木曜日などと提出させる日をおおむね決めて，各教科とも1週間に1回は添削するようにしている（国語・算数はもっと多めに，週に2回程度は子どものノートを添削するようにしている）

②出されたノートは，子どもが下校する時間までに必ず添削して返すようにしている。時間のないときには，大きな○と日付などを入れるだけになってしまうこともあるが，日付を入れることで，保護者がノートを見たときにも「先生が○月○日にノートを見てくれた」ということがわかる

◎ノートは日を決めて添削していく
○添削時に必ず日付を入れる

☐できている

Ⅲ-21
日常の各教科の授業で子どもの成長ぐあいをとらえる"ものさし"をもっているか？

「各教科の子どもの成長ぐあいをとらえる」ことは，教師としてもとても難しいことである。しかし，しっかりと「子どもと授業」を考えながら授業を行ってきたことで得られる経験値のようなものがある。主要教科について，自分の経験上の"ものさし"を簡潔に述べたい。

国語……国語科の各領域ごとに"ものさし"は違う。「書くこと」では，与えられた課題に，適切な字数で書き終えることができることである。「読むこと」では，「ある文章を読み，課題に対してその文章からいくつ答えを拾えるか」が大切である。

算数……算数で一番大切なポイントは，課題に対して，解法を「自分の言葉」で書くことができることである。図や絵を使って書けるとなおよいと思う。

社会……提示された図やグラフ，ビデオなどから，より多くの気づきをもつこと。これがなにより大事である。日常生活で一般社会に興味をもっている子どもは，この社会的思考がより高くなり，多くの気づきをもてる。

理科……理科で大切なことは，二つである。一つは論拠をもって仮説を立てられること。もう一つは，実験結果を考察できることである。実験結果を考察できるということは，その実験からわかることをまとめられるということである。

これらは非常に大雑把な"ものさし"であり，各教科を専門的に行う場合はもっと詳しく見ていかなければならないが，ここでは日常の授業の中でより簡潔に子どもの成長ぐあいをとらえる視点を述べた。

◎各教科における専門的な"ものさし"をもつ
☐その"ものさし"で子どもの姿を見ていく

できている □

Ⅲ-22

年間を通して,子どもの成長をとらえられるか？

　年間を通して子どもの成長をとらえるということは,じつは本当に難しいことである。一単元だけの子どもの成長を実践研究することはよく行われているが,年間を通しての子どもの成長について,具体的に納得できる実践研究はほぼないと言ってよい。それぐらい難しいのである。しかし仮にも学校の教師である以上,保護者との２回め以降の個別懇談で,「子どものここが悪い」などと言って子どもの短所や思わしくない結果ばかりを伝えているようではダメである。もし仮に１回めの個別懇談でそのように指摘したのであれば,２回め以降は,その改善策を講じて教師自身がその子のために取り組んできた経緯やその中での成長を「このようになってきました」と説明するのが筋であろう。

　その場合,大切なことは,前項でも説明したように,「成長をとらえる"ものさし"」をもって,その結果を常に記録しておくことである。たとえば社会科であれば,「このグラフから気づくことをできるだけ多く書こう」という課題を１学期から定期的に子どもたちに出して,その書いたものを添削し,書いてある妥当な解答がいくつあったかを記録しておくとよい。こうすることで,保護者への説明にもより具体性が出てくるし,その数を多くしていく子は,必ずテストの結果にも反映されてくるはずだ。

　また,この内容は,通知表や指導要録にも記載でき,より具体的な子どもの成長ぶりを明らかにする一端となる。"ものさし"をもとに年間を通して課題を与え,その結果を記録することが大切である。

◎子どもの成長の"ものさし"をもつ
○結果を記録し続ける

Ⅲ　日常の「授業づくり」に対する危機管理

☐できている

Ⅲ-23
その授業で理解させたい内容や子どもの伸ばしたい力をしっかりと押さえているか？

　45分の授業で子どもに理解させたい内容や伸ばしたい力という「ねらい」は一つにするべきだ。これは、二十数年間、学級担任をしてきて、また十数年間、研究主任をしてきて感じることである。これまで数多くの研究授業を見てきたし、行ってもきたが、「本時のねらい」が複数あった授業で、子どもの姿を通して「ねらいはすべて達成されていた」と感じられた授業は、ほとんどない。

　「この1時間は、子どものこの力を伸ばすために行う」「本時の学習内容はこれ」とはっきり言える教師ほど、子どもの学力を伸ばしていける。その意味でも、欲ばらず、計画的に授業を行うことが必要だ。私は朝30分早く学校に来て、その日の時間割に沿って教科書や学習材を見ていく。その中で、「今日のこの授業は、ここが中心」「ここができればOK！」と「本時のねらい」を決める。そうすると、それぞれの授業に迷いなく入ることができる。

　ところで、学期末になると、進度の遅れが目立つ教科では「読むだけで終わり」などという授業をしてしまった経験のある教師も多いはずだが、今の時代、それは通らない。教師は、緻密に計画を立てて子どもにわかるように教えていかないと、どこからでも指摘される時代である。当然、そのようなことをしている教科では、テストをすると、できる子どもはできるが、全体としてテストの平均点は下がってくる。つまり「基礎・基本の確かな定着」につながらないのだ。

　「『本時のねらい』は一つ」。これを肝に銘じて授業づくりをしていくとともに、より計画的な年間の授業運営にも気をつかう必要がある。

◎「『本時のねらい』は一つ」の姿勢
○計画的な授業運営

できている □

Ⅲ-24

前時の振り返りを授業に入れているか？

　前時の振り返りを入れることは，子どもたちに習得した内容を想起させるために大切なことである。

　算数などは，はじめにフラッシュカードで前時の内容を考えさせる場面をつくることはよくある。また最近では，外国語活動などでも前時の学習内容を想起させるためによく使っている姿が見られる。外国語活動は，１週間に１時間の学習になるし，発話が中心になるため，前時の振り返りがより重要になる。

　ここでは，前時の振り返りの三つのパターンを紹介する。

①フラッシュカード式……前時に習った内容についての問題をいくつかカードに書き，それを子どもたちに投げかける方式
②前時の学習発表紹介型……前時の子どもの学習感想などで，内容に迫るものや友達のよさを伝えているものなどを紹介し，本時の意欲につなげる方式
③前時の子どもの解法・自主勉強での成果発表型……子どもの解法で前時に紹介できなかったものや，子どもがその後，自分で考えてきたものなどを紹介する方式

前時の振り返りが長いと授業が間延びしてしまうので，できるだけスピーディに行い，長くても５分を限度に終わらせるようにするとよいだろう。

○学習のつながりを意識した前時の振り返りを行う

Ⅲ　日常の「授業づくり」に対する危機管理

☐できている

Ⅲ-25 単元の大きな流れを説明してから,単元に入っているか?

　子どもたちにわかるように,その単元の意義や意味を伝えていくことは重要なことである。これからの学校教育で欠かせないことは,「この学習が,子どもたちの将来,どんな場面でどのように必要なのか,もしくはどのような場面で使われているのか」について,必ず説明することである。このことをしないで,ただ学習にのみ駆り立てると子どもは学ぶ喜びを感じられず,学級も荒れていき,かつての「詰め込み教育」の二の舞になりかねない。反面,総合的な学習の時間のような社会につながる学習スタイルや,その時代を考えるプログラムを通して学習を進めていくと,子どもたちは真剣に考え,学ぼうとする意識を増してくる。

　「子どもの学習に,生活的な実感を!」このことは,学習のすべての場面で必要である。しかし,なかなか日々の学習場面では難しい。だからこそ,せめて単元の入り口のオリエンテーション的場面などで,その単元の意義や人間にとっての意味を語ってあげたい。

　たとえば,子どもたちは「円周率」発見の歴史や人間社会にとっての意味や有用性,今もなお円周率と格闘している人がいることなどを語ってあげると,より「円周率」への思いを深くする。「円周＝直径×3.14」とただ習うだけでなく,その成り立ちやその数字の奥深さに感銘させられると,子どもたちは,能動的に学ぶようになってくる。

　そのために一番大切なことは,教師自身の好奇心と,人として社会を見る力である。教師の知識の深さは,子どもに必ず伝わるのである。

◎教師自身が教科の内容に好奇心をもつ
○社会と学問の関係について考える

できている　□

Ⅲ-26
「わからない」と言った子どもを「すばらしい」と認めているか？

　「わからない」と言った子どもを「すばらしい」とほめているか。いつの間にか「できない子」というレッテルをつけて、見放していないか。教師に「わからない」と正直に伝えてくれる子どもは、教師を成長させてくれる大切な存在である。

　「わからない」と言った子どもをそのまま放置して、それが一人、二人と増えていくと、学級全体の子どもたちが学習に対する意欲を失っていき、学級の雰囲気も悪くなっていく。保護者からも「うちの先生はわからない子どもを放っておいている」という評判を立てられることにもつながる。

　ちょっとした子どものつぶやきも聞き逃さないで、「〇〇さん、どこがわからないか、言えるかな」などと尋ね、具体的なところをその子が言えたなら、さらにほめてあげる。そして、「わからない」と言った子どもに合わせて授業を組み立てたり、その子に対して何らかの対策を講じていくことで、その子はその教師を信頼し、好きになっていく。子どもたちも安心して、「わからない」が言える学級の雰囲気ができてくる。「わからない」と言える子どもを学級の中で支えていく教師の姿を、他の子どもたちは見ているのだ。そこをとらえて「教え合い」や「協同的解決」の場を組織することで、子ども同士の絆がより深まったり、教師への信頼感が増したりしていく。これが学級の力ともなり、後にしっかりと学級を支える子どもたちに成長していく。子どもを通して、保護者もまた学級担任を信頼するようになっていく。

◎子どもの「わからない」に対応する
□自分の学級は「わからない」と言える雰囲気かを考える

Ⅲ　日常の「授業づくり」に対する危機管理

☐ できている

Ⅲ-27
授業に必要のない物が机に出ているか否かに注意を向けられているか？

　授業の開始時に前の時間の学習用具が出しっぱなしであるとか，必要のないペンやシャープペンシルが山ほど出ているとかというのは，この時間の学習に身が入らず，子どもの注意が他のところに行っている状態である。こうした状態を放置してしまうことが，じつは学級崩壊や問題行動の引き金にもなるのだ。子どもたちは教師が見ている以上に，こうした姿をよく見ているのだ。そのうち，授業中にメモを回したり，他の子どもの持ち物がなくなったりすることになる。そして一度，そういう状態になると，その状態を止めるために莫大な時間と労力を必要とする。

　だから，その学級と出会ってすぐに，「授業に必要のない物」に徹底的に注意を向けていく必要があるのだ。子どもたちは，ちょっとオシャレなペンやシャープペンシルなどを学校へ持ってこようとする。それに対して説得できる説話も用意しておかないといけない。

　私は定期的に，子どもたちに次のようなことを言い聞かせている。

①学校は社会の一部であるので，よいことも悪いことも起きる
②なにげなく持ってきている物から，事件が起こることも十分ある
③自分がいいと思っている物は，他の人も欲しいと思っている
④自分が大切にしたい物は，学校に持ってこない
⑤授業は，みんなで精一杯行う真剣な場であるので，まわりのやる気をそぐような行動は慎むべきだ

◎子どもの机の上の物に注意を向ける
○学校に持ってきてはいけない物の意味を語る

できている □

Ⅲ-28
学校へ持ってきてもよい物とよくない物を明確に理由を言って,子どもに伝えているか?

「学校に必要のない物は持ってこない」――このことは,どこの学校でもどの教師でも必ず伝えているはずである。しかし,子どもは必ずその時代の流行をとらえ,そこにマッチする物を手に入れる。学校はまた,そうした物を見せにくる子どもたちの"社交の場"でもあるのだ。そのため,教師の言葉とは裏腹に,必ず,いつの時代になっても「子どもの持ち物」で問題は起こる。

保護者の中にも,「このぐらい,いいじゃない」と思っている保護者も少なくない。しかし一度問題が起こると,そういう保護者に限って,「学校での対応が悪かったのではないか」とか「学校がもう少し厳しく取り締まってくれないと」などと勝手なことを言い出す。そのことで学校や教師と保護者との間の信頼関係にひびが入ることも少なくない。

私は常に,「学校に必要な文房具」は以下のように伝えている。
○鉛筆は5本。毎日,削ってくること
○華美な物でないふつうの消しゴム
○赤鉛筆か赤ペン。ネームペン
○必要なら,マーカーを1本

これで十分である。それ以外の物は,見せびらかして他の子どもの気持ちをかき立てたり,なくなる危険もあったりする。子どもには常に,「なくなっても自分で納得できる物だけを持ってくること」と伝え,自分が大切にしたい物は,きちんと家で保管しておくことが,大切な物を守る最良の方法であることも伝えている。

○学校に持ってくるべき物の意味を伝える
○定期的に筆箱の様子をチェックする

Ⅲ 日常の「授業づくり」に対する危機管理

☐できている

Ⅲ-29 授業中の子どもの「脚の動き」に目を配れるか？

あなたは教師として、授業中の子どもの「脚の動き」に目を配っているか？「なんでこんなことを聞くのか」と思うだろう。しかし、このことは、学級担任の危機管理上、とても重要なことなのである。

授業中の子どもたちの脚の動きには、さまざまなものがある。いくつか例をあげる。

○脚を椅子の上に上げる子ども……これは最近、増えてきた。たぶん、家庭での食事中に脚を立てて食事している習慣があるのかもしれない。

○授業中に靴を脱いだり、突っかけ履きをしたりする子ども……これは、我慢できなかったり、物事に集中できない子どもに多い。

○脚を揺する子ども……昔は"貧乏揺すり"程度の子どもが多かったが、今では自分だけの世界に入って、音を立てながら揺すったり、リズムを打つ子なども見られる。

本人はあまり自覚していないことが多いが、このような子どもたちの存在は、学級の雰囲気を乱す方向に働く場合が多い。本人はその姿勢の方が考えやすいと言うかもしれないが、他の子どもたちからすれば、教師がその姿を容認すると、その行為はしてもいい行為として映る。最近の子どもたちは、崩れ始めると速い。一気に、姿勢の乱れから態度の乱れ、態度の乱れから習慣の乱れに変わり、最後には学習の乱れにつながっていく。子どもの脚の動きに目を配ることは、声高に言われてはいないが、とても重要な教師のセンスのひとつであると私は思う。

◎子どもの脚の動き、姿勢に気を配る
☐子どもの脚の動きを見て分析をする

できている ☐

Ⅲ-30 授業中に，子どもに「今，何をする時か」を明確に伝えているか？

このことは，大きく二つの意味から言っている。

一つは，「授業中の指示や発問が明確か」ということである。子どもたちが今しなければいけないことを明確に黒板に書いたり，子どもたちの動きを止めて指示を出すように心がけたりする必要がある。また，指示のタイミングなども，子どもの動きをとらえて行う必要があるので，子どもの思考の姿や取り組み時間などを敏感に感じ取ることが重要である。私は，指示を出す時に，次の点に気をつけている。

①指示はできるだけ簡潔に，わかりやすく，短くする
②子どもたちの動きを止め，教師に注目していることを確認してから指示を出す
③指示する内容を先に言い，具体的な事柄を次に伝える
④指示を言い終えた後，質問があるか否かを必ず聞く
⑤指示された事柄が早く終了した子どもが「次に何をすればよいか」もあらかじめ伝えておく

もう一つの大きな意図は，「この授業で子どもたちは何をすればよいのかを授業開始直後に知らせる」ということである。私は，授業が始まるとまず，この時間に子どもたちが行う学習活動や学習課題を板書している。このことで子どもたちは，「この1時間の学習で，こんなことをするんだ」という見通しをもつことができる。授業開始時に子どもたちにその授業の意図をきちんと伝えることこそ，子どもと向き合う教師の真摯な姿勢である。

○的確な指示をするために留意する点を確認する
○授業開始時の板書による学習内容・学習課題の提示

☐できている

Ⅲ-31 机間巡視の際には赤ペンなどを持って回り，できた子どもに○を付けてあげているか？

　机間巡視の際に教師が赤ペンやスタンプを持ち，できた子どもに○やスタンプを押して回ることには，いくつかの大きな意味がある。
　①教師が常に意図をもって机間巡視すること
　②課題ができている子どもをその場で賞賛できること
　③子どもたちに無駄な時間を与えないこと
　④子どもを立ち歩かせないこと
　①は教師側の姿勢として，ペンなどを持つことで，教師自身にしっかりと子どもの考えや取り組みを見ようとする意思が出てくる。
　②については，○をもらうことで子どもたちは自信につながる。恥ずかしくて手をあげて発表できないような子どもも，より意欲的に次の学習に取り組むようになる。
　③については，子どものやり終える時間がまちまちであるにもかかわらず教師が次の指示を出さずにいると，解答し終わった子どもは遊び出す。しかし，○を付けてやり，その場で次の指示を出してあげることで，子どもにとっても有意義な時間が続くのである。
　④については，課題が終わった子どもが立ち歩いて他の子の様子を見に行ったり，ゴミを捨てに行ったりなどしはじめると，学級がざわついたり，自分も終わったら立ち歩いていいんだという意識を他の子どもにも与えかねない。教師がペンを持って回ることで，子どもたちは椅子に座って学習するという意識を，より習慣的に身に付けていくのだ。

◎机間巡視は，意図とペンを持って
☐多動な子どもがいる時は，座らせ続ける習慣づけを

できている □

Ⅲ-32 早く課題が終わった子どもに次の課題を伝えているか？

　早く終わった子どもの課題はいつ出すか。それは，一つめの課題を子どもに伝えた時に言うべきである。子どもたちがしっかりと聞き耳を立てているうちに言わないで，子どもが課題が終わった頃になってやっと次の課題を出すようなことをしていると，子どもはもう飽きてしまい，遊びに入るようになる。

　また，年度当初から，このような指示を繰り返すことで，子どもは，課題が早く終わったら次の課題をしていくことを習慣化していき，いずれは自分で次の課題を見つけて学習できる子どもに育っていくのである。つまり，自主的・自律的学習を子どもが身に付けていくための大切なプロセスでもあるのだ。

　「うちの学級の子どもは，言われた学習しかしないんです」などと言う教師もいるが，これは教師自身が授業中に子どもがより学習できるように仕向けずに，なんとなく子どもたちに授業の中で遊ばせる余裕をもたせてきた教師の言であることが多い。

　よく授業で「子どもを鍛える」ことができる教師がいる。そのような教師は，子どもたちに，集中して次から次へと課題に取り組ませられる技術をもっていることが多い。そのような教師の授業は，子どもの学習への意識の質を常に向上させている。

○一つめの課題の提示の際に「終わったらどうするか」という指示も入れる
□年度当初から，早く課題が終わった子どもへの指示を徹底する

Ⅲ　日常の「授業づくり」に対する危機管理

☐できている

Ⅲ-33

授業中のルールを徹底しているか？

　子どもの自発性を尊重するあまり，授業中のルールも何もない「何でもありの授業」をしてしまい，じつは，大切な「学ぶべき内容」が子どもに入っていかない。このようなことは新任の教師が陥りがちな失敗である。また逆に，ベテランの教師に多く見られるのが，何でもルールで縛り，これでもかというほど子どもを型にはめるやり方である。学級崩壊は，このように何でもありの放任主義の学級か，締めつけの強い徹底ルール主義の学級に起こることが少なくない。

　私が大切にしていることは，子どもたちが納得するルールである。子どもたちが納得するルールを学級にもつことで，子どもたち自身がルールを互いに伝え合い，守り合う，自治的な学級ができあがるのだ。たとえば，授業中に誰かがふざけて大声を出したことで，他の子どもの発言が聞こえなかったとする。そのよくない行為をただ教師が叱るのではなく，他の子どもたちの目や意見でその行為者が自覚すると，教師が叱るよりも効果がある。このように「互いに勉強がわかる・わかり合える学級」をつくっていくことが重要である。

　私が授業中に子どもたちに伝えているルールは，次のことである。

①授業中は，しゃべらない
②意見がある人は，手をあげて話す

　大きく，この二点である。この当たり前のルールが徹底できずに，子どもたちが話を聞けず，"無法地帯"になっていく学級もまだ多い。「ルールは少なく，徹底すること」を基本にしたい。

◎ルールは少なくし，徹底する
☐常にルールを伝え続ける

できている☐

Ⅲ-34
授業中のルールについて，しっかりと子どもの納得がいくような説明をしているか？

　教師はルールを作ることが好きだ。「～は，してはいけません」「～は，絶対にしないように！」などと，子どもたちに言うことが多いだろう。しかし「なぜ，それをしてはいけないのか？」「先生の言ったルールを守らないと，どういうことが起こってくるのか？」などについて，子どもは知りたがっている。

　常にルールだけを声高に言う教師ほど，学級でのルールは徹底できない。威圧的に子どもに罰則を科してルールの徹底を図ることはできたとしても，内発的に子どもがルールを守ることにはつながらないからだ。私は前項で紹介した「授業中はしゃべらない」というルールについて，次のような話を伝えて，子どもたちに納得してもらっている。

　私が，オーストラリアの小学校に勤めていた時，ある子が廊下に立たされていた。その子に「なぜ，君はここにいるの？」と聞いたら，その子は，「授業中に大声を出して，他の子の勉強する権利を奪ったから」「後でおうちの人も学校に来て叱られる」と答えた。子どもたちはこの話を聞いて，「やっぱり外国でも授業中はしゃべってはいけないんだ」という認識を深める。ここには，「ただ静かにしなさい」ということよりも，人と人とがお互いに生きていくための"人としてのルール"が語られている。子どもたちは，教師に反発することはあっても，大多数の友達に迷惑をかけることは望んでいない。だから，「授業中はしゃべらない」はルールとして子どもたちに納得されるのだ。「人の道理」がルールのスタートであることを考えるべきなのだ。

○ルールを伝える時は，納得させる
☐「人の道理」からルールが生まれることを考える

Ⅲ　日常の「授業づくり」に対する危機管理

□できている

Ⅲ-35
ルールを守れない子やまわりに迷惑をかける子への合法的な懲戒の仕方をもっているか?

　授業中のルールを守れない子やまわりに迷惑をかける子への懲戒の仕方について,カウンセラーなどに相談する教師が増えていると聞く。これは,学級担任の懲戒の仕方を快く思わない子どもが保護者に学級担任の懲戒の仕方を悪く言い,保護者が怒って学級担任にクレームをつけてくるようなことが増えているからである。このようなクレームが増えると,学級担任は子どものよくない行為も注意できなくなる。なかには,ある子には注意するが,クレームが怖い家庭の子どもには注意しなくなるという,教師として決してしてはいけない行為をしてしまう教師もいるのではないか。この光景をよく見ているのが,子どもたちである。「先生,ひいきしている」などと言い始める子どもが出ると,学級の秩序が乱れ,学級崩壊の萌芽ともなる。

　私は次のようにしている。

①必ず学級の子ども全員について,一人一人のよい面を,折にふれ,みんなの前やその子自身に語っている
②折にふれ,ルールの意味を,教師の都合ではなく,他の子どもへの迷惑や学習の妨げになることとして語っている
③ルールを破ってしまった子どもには,その場で立たせる(学習中,その場に立たせることは,合法である)
④自分で自覚してルールが守れると思ったら,自ら座るよう促す

　教師がヒステリックになるのではなく,常に本人の自覚を促す働きかけに徹することをしていれば,子ども自身も納得するものだ。

◎ふだんからその子のよさをほめる
□「自覚化させるための懲戒」であることを常に意識する

できている☐

Ⅲ-36
授業中のルールを守らない子どもに「一様に」注意しているか？

　授業中のルールを守らない子どもに「一様に」注意することは，教師としてとても大切なことである。子どもは教師の言動をよく見ている。ある時は注意せず，またある時は注意するような教師は，子どもは「あの先生，なんか差別している」「すぐえこひいきするんだから」などと感じ，信用しなくなる。

　だから，ふだんから子どもの行為を注視し，どの子どもも例外なく，他の子どもの学習を妨げる行為については，注意していく必要があるのだ。教師がこの視点から子どもの行為をきちんと見ているのだという自覚を子どもたちに植えつけるためにも，ルールを守らない子どもへの注意は一様にしていくべきである。

　はじめは軽く，「～してはいけません」程度の言葉で，注意を促す。しかしまた同じことを行った子どもには，少し語気を強くして注意を促す。その際に欠かせないことは，その子どもの行為で，他の子どもの学習が妨げられた事実を語ることである。ただ注意だけしていると，子どもは単に「教師に叱られた」としか受け止めず，注意の効果がうすくなる。だからこそ，その行為が他の子どもに迷惑をかけていることを丁寧に語ることが重要なのだ。

○例外なく，「行為」を注意すること
○注意の際には，他の子どもに迷惑をかけたという事実を語ること

Ⅲ　日常の「授業づくり」に対する危機管理

□できている

Ⅲ-37

「子どもの考えの足跡」を教室に掲示しているか？

　子どもの学習の足跡を教室に掲示する。こんなことは，当たり前のことである。私が伝えたいことは，子どもが学習中に考えたその「子どもの考え」の足跡が残るように，掲示することである。このことは，学習指導要領で強調されている「思考力・判断力・表現力の育成」にも通ずるところがある。

　私は，算数の時間の課題を「自分の解き方」で解かせ，その際に必ず，自分で式を文字や図で表現させる，つまり式と答えだけでなく，「解き方」という項を設け，そこで文字や図・絵を使って自分の解き方を説明させる。その中で，授業の中で取り上げたい「解き方」の子どもに画用紙とペンを渡し，大きく書かせ，書き終わったら説明させる。その解き方を書かせた画用紙に名前を書いて，掲示している。

　このことで，学級の中に「考える」雰囲気をつくり出していく。いろいろな子どもの「解き方」が次から次へと張り重ねられた環境で過ごしていく中で，多くの考えを子どもたちは受け入れていく。そのうち，「ぼくも自分の考えを書いてみよう」とする子どもが増えてくる。よくラーメン屋などで，有名人のサインや大食いの記録などがたくさん張り続けられている店にいくと，いかにもそこの店がおいしい店であるように感じることと似ているかもしれない。

　みんなが一様に取り組んだ絵などの作品を掲示するだけでなく，子どもの「考えた」軌跡が残るように掲示することも，思考力などを高めるために有効な環境づくりである。

○「子どもの考え」の足跡を掲示すること
○子どもの考えの軌跡を残す努力を！

できている☐

Ⅲ-38
「友達とともに勉強することが,最良の勉強である」ことを伝えているか?

　「あの先生だと教え方がよくわからない」「塾の先生の方が勉強の教え方がうまい」などと子どもたちが言っていることを,最近よく耳にする。「あの先生がいい」「この先生で当たり」などと子どもが平気で言っている光景も,学年はじめの担任発表の頃によくある光景になってきた。たぶん,家庭でそのような話を大人がしているからであろうが,最近,子どもの世界でも学習をほどこす側の責任だけを問う声をよく聞く。本当にそれでよいのだろうか。

　「勉強は自分でする」「自分のためにする」のだ。もっと言うと,誰かに言われて行うものではない。もっと本質的に自分が勉強する意味を子どもに真剣に考えさせないといけない。子どもには,教師の教え方を云々させるよりは,自分の勉強への意欲と,友達と共に学習することの意義を,もう一度語っていかないといけない。

　ある時,「どうせ,自分は勉強できない」とあきらめていた子がいた。でも,その子と親友の子を隣の席にして,その子がわかるまで徹底的に一緒に勉強させたことがある。そのつど,私は教えてもらう子には「仲間に感謝すること」,教えてあげていた子には「あなたがよりわかるようになるためにするんだ」と言い聞かせていた。二人は,少しずつ力を付けていった。そして二人は,卒業の頃になって,「仲間が勉強を教えてくれるって,すごいんだ」「仲間に勉強を教えるって,言葉にするって,けっこう勉強になるんだ」と言って卒業していった。

　子どもが力を付けるということは,遠くのことを批判することではない。身近なことに真剣に向き合うことから始まることを,大人がきちんと伝えていかなければならないのだ。

◎互いに切磋琢磨することの意義をあらためて伝えよう

Ⅲ　日常の「授業づくり」に対する危機管理

☐ できている

Ⅲ-39
「できた！」という喜びを学級で実感できる授業を時折，行っているか？

　学級全員の考えを集結して「できた！」と実感できる授業。友達の考え方を聞いて，「わかった」と言える授業。この学びが成立する学級の子どもたちは，学習することが好きで，考えることが好きになる。

　ただ毎日，「教え込み」と「練習」を繰り返す授業では，子どもが飽きる。また毎回，変わった問題を作り，常に子どもたちに「深く考えさせている」授業も，子どもたちは気力が減退してしまう。

　適度な「教え込み」と「練習」，そして「深く考えさせる学習」がバランスよく単元に配置してあると，子どもたちは飽きずに面白さを感じ，考えることを好きになる。この過程を繰り返すことで，子どもの学力はしっかりと伸びていく。

　学習指導要領にうたわれている「基礎・基本の習得」「活用」「探究」の学習過程は，まさに上述した適度な「教え込み」と「練習」，そして「深く考えさせる学習」のバランスがとれた学習過程をいっているのである。「できた！」という実感をもてる授業や友達の考え方を聞いて「わかった」と言える授業は，じつはこの学習指導要領の「活用」の学習場面の授業そのものなのである。

　子どもたちが，習った知識や技能を使って考える授業は，子どもたちに喜びと学習の充実感を与えてくれる。このような授業をできるようになることが，教師としての力量につながってくる。

○基礎・基本を武器に「考えさせる」授業を！

できている □

Ⅲ-40
子ども一人一人のよさを語ってあげているか？

「子ども一人一人のよさを語る」ためには、「子ども一人一人のよさを引き出す」ことがなにより重要である。いつも「○○さん、すごいね」ということだけを常に言われていたら、子どもも飽きてしまう。それだけでなく、なかには、教師をなめてくる子どもも出てくる。それではいけないのである。教師である以上、本当に他の子どもよりすぐれている面を、心から語ってあげないといけないのだ。ほめてさえいればいいということではない。私は子どもの「よさを語る」時、常に次のようにしている。

①授業中にその子のよさがあらわれる場面をつくる……それぞれの子どもに得意な教科や学習の場面がある（音読、自分の解き方の説明、ノートのとり方、話の聞き方など）。できるだけ多くの場面をつくるようにする
②よさを語るのは、授業中に行う……他の子どもが聞いている場面でないと、効果は半減する。ある子をほめることで、他の子が奮起したり、まねをしたりする。それが学習効果につながる
③どんなところがよいのか、具体的な場面や姿を伝える……ノートのとり方や、話し方・聞き方など、より具体的な方が他の子どもがまねをしやすい
④ほめる点だけでなく、もっとがんばってほしい点も折にふれ、はっきりと伝えるようにしている……「ほめる」一辺倒にならないようにするため、また本人の自覚化をより促進するためにも

◎「よさを語る」のは、授業中
○「よさ」と「がんばること」をセットでとらえる

☐ できている

Ⅲ-41
授業がワンパターンになっていないか？

　授業がワンパターンになっていると，子どもたちがストレスをためてくる。常に「教え込み一辺倒」の授業や，常に「子どもの考え主体の授業」，どちらの授業でも，子どもは慣れてくると嫌気がさしたり，手遊びを始めたりする。なかには，ストレス発散のために，友達をいじめたりすることにつながってくることもある。

　常に子どもは変化のある授業を望んでいる。ある時は「教え込みの授業」，またある時は「子どもの考え主体の授業」というように，さまざまに組み合わさっている授業の積み重ねで，子どもは授業に引き込まれ，興味を示す。

　このことがわかっていないと，「ぼくは子どもの考えを生かして授業しているのに……」と言いながらも，だんだんと学級が荒れてくることがある。それは，子どもがマンネリを嫌っていることに気づいていない学級担任だからだ。なかには，授業時間によく子どもにリフレッシュのためやごほうびのように「みんなで遊ぶ時間」を提供する学級担任がいる。一見，楽しそうでよい学級になっているようであるが，これもまた続けることで，子どもはなんとなくだらしなく物事を考えるようになり，学習すること，考えることへの粘り強さを失っていくことにつながる。学級担任は常にけじめをつけ，メリハリのある授業づくりを心がけなければならないのである。

　子どもが「授業が面白い」と言うような授業を行おう。子どもの知的好奇心をくすぐる授業を行おう。その教師のもつ授業観や子どもの動きを読む洞察力の深さなどで，授業は変わる。これらを磨くことが，授業がワンパターンにならない秘訣だ。

☐ 授業観と子どもの動きを読む洞察力を鍛える

できている☐

Ⅲ-42

授業のマンネリ化を防ぐ方法を知っているか？

　ワンパターンの授業が続き，授業がマンネリ化すると，子どもたちは授業に集中したり，充実したりできなくなるので，違うところに面白さを求めるようになる。時にはそれが問題行動であったり，他者へのいじめであったりもする。つまり，授業を充実させることは，子どもに精神的健康をはぐくむ上でも必要なことである。

　授業のマンネリ化を防ぐための方法は，大きく２点ある。前項でもふれたように，一つは，「自分の授業観を磨く」こと，もう一つは，「"子どもを読む"洞察力を深める」ことである。

1　自分の授業観を磨く

　自分の授業観を磨くためにすべきことは，二つある。

　①各教科・領域特有の授業スタイルをもつ

　②毎時間に子どもに「考えさせる場」をつくる授業を心がける

2　"子どもを読む"洞察力を深める

　①学級の子どもの反応のよかった授業はどんな授業であったかを分析する

　②子どもたち一人一人を逃がさずに，しっかりと「ねらい」にもっていくための手だてを常に考える

　授業のマンネリ化を防ぐ努力は，学級担任が子どもたちから信頼されるために必須のことである。勉強しない教師，「子どもってすばらしい！　面白い！」と思わない教師は，授業のマンネリ化を生むことが多くなるので，要注意である。

◎各教科や領域の授業スタイルを確立する
○子ども一人一人を「課題から逃がさない」

☐ できている

Ⅲ-43
子どもたちが授業に飽きていることに気づけるか?

「子どもたちがその授業に飽きていることに気づけるか?」と言う前に「子どもたちに飽きさせない授業をしているか?」と問う方がいいのはわかっている。しかし、あえて「子どもたちがその授業に飽きていることに気づけるか?」を問いたい。なぜかというと、「子どもの表情や動作などから、その授業を子どもがどのように感じているかを読むことができているかどうか」を問いたいからだ。

子どもたちが授業に集中できずに、落書きを始めたり、足を動かしたり、勝手におしゃべりを始めたりする状況になると、もう子どもたちは、その授業のリズムから外れ、飽き始めていることになる。このことを無視して教師本位の授業をしていくと、子どもの学力が落ちることは当たり前であるが、子どもが話を聞かなくなり、学級崩壊のきっかけとなる可能性さえある。だからこそ、子どもの動きに気を配れる教師である必要がある。そのためには、次のことを徹底して見取れることが重要である。

①子どもの視線を読めること(子どもが何を見ているかをとらえる)
②子どもの手の動きを読めること(何をしているかをとらえる)
③子どもが今、何をするべきかをわかっているかを読めること(指示の中身をわからずにいる子をとらえる)

子どもの動きをとらえる洞察力をもつことは、教師の資質として必須の条件である。

○子どもの表情やしぐさを読む
☐授業をしながら常に子どもを観察する

できている □

Ⅲ-44 子どもに，その学習が社会や今後の生活でどのように役立つかを語ってあげているか？

　子どもに「これを勉強して何になるの？」と聞かれた教師は多いのではないか。私はできるだけ，その学習が社会生活の中でどういう時に，どのように生かされているかを子どもに語るようにしている。

　これは一見，当たり前のことであるようだが，現場では，教える内容が多いので，つい教科書の内容の伝達や練習問題などに終始しがちになる。学習者がその学習の意義を感じないものへの理解が乏しくなることは，一般的に言われている。だから，実感を伴う授業づくりや体験的な学習などを取り入れようとするのである。

　大切なことは，日々の授業でその学習がどんな社会生活の場面で生かされているのか，必要なのかをしっかりと伝えることである。特に小学校の学習内容の多くは，大人になってからも必要とされる場面が多い。

　たとえば，5年生の算数の「平均」の授業は，教科書では，卵の重さやジュースの量などを取り上げて，問題場面をつくっていることが多い。しかし小学校高学年になると，意外と身近になるのは，「平均点」である。中学校以上に兄や姉がいる子どもは，「平均点」という言葉をよく耳にしている。また中学生になれば，いやがおうにも「平均点」が取り沙汰される。その意味や「平均点」の重要さなどを語ってあげると，子どもたちは「ああ，なるほど」と気づく。そのことを知り，「平均」の学習をしていくと，子どもたちも大事に思い，真剣に学習に取り組むようになる。

◎その学習の社会的意味を子どもに語る

□できている

Ⅲ-45 子ども同士が「教え合い」「学び合い」の意味を実感しているか？

　私がここで述べたいことは，研究授業などでよく見られる，発言の得意な子ども同士が自分の考えを言い合っている，いわゆる「活発な話し合い」の授業をイメージして言っているのではない。

　ある時，休み時間に，ある女の子が算数の問題がわからず必死に解いていたら，いつも一緒にいる友達が，ほとんどしゃべらず指先だけで教科書をなぞって教えている姿を見た。こんな光景を私は増やしたい。「やっぱり友達っていいなあ」と，さりげない優しさを感じられること，人と人がつながる喜びが感じられる子どもたちを育てたい。人を信じて，人を感じて，人と共に生きていく大人になってほしいのだ。

　「自分は教えているぞ！」という，パフォーマンスのような話し合いの姿はいらない。「教え合い」「学び合い」の精神は，本当に小さい，静かな，やわらかな場所から始まる。わからないで悩んでいる子にそっと指で教える子，そのような「ふとした光景」の中に，「教え合い」「学び合い」はあるように思う。そのことがわかると，教師としての日常を見る目が変わってくるように思う。

　派手なことではない，日常的な暮らしの中で，子どもを見つめること，そこから真理を考えることが，教師として一番大切なのだ。

□「教え合い」「学び合い」は小さなところから
□日常の子どもの動きから真理を探ろう

できている ☐

Ⅲ-46
子どもの短絡的な興味に迎合し，子どもがただ「面白い」というものだけで授業づくりをしてはいないか？

　よく子どもたちが気に入るキャラクターをプリントに使ったり，子どもの好きなキャラクターの名前を授業で使ったりする光景を見かける。また最近の出来事で，安易に子どもたちの気をひこうとするあまり，指導の中で不適切な表現を用いた教師の行為が，世間から非難を浴びた。子どもの興味をひくために，子どもや社会で流行っていることを安易に授業に取り入れてはいないだろうか。

　子どもは何事もはじめは喜ぶが，2回め以降はその内容の深さを感じないと，もう魅力を感じないものである。どんなキャラクターを使っていようと，どんな面白い内容であっても，子どもの興味の中心は，そこにはないのだ。やりがいのあるものや内容的な深さを感じられるものにこそ，子どもはひかれるものである。

　算数の「自分で問題を作ろう」という授業などは，それ自体は一見，新しさも何もない，昔から変わらない学習活動だが，子ども自身が工夫して考えるという意味では，とても深いものがある。子どもは「考える」ことの面白さを楽しく受け入れ，何問も作る。ここには子どもが自分で想像し，作り出せる面白さがある。また友達に出題して解いてもらうと，もっと面白く感じるようだ。

　このように，子どもは安易な目先だけの楽しさより，自分が考えられる面白さや，友達と分かち合える面白さを含む学習に出合った時などに，より深い興味を抱く。その意味でも，自分の教材研究が，子どもの深い関心をひくものか否かを考えておく必要もある。

○深く広く考えられるものにこそ，子どもはひかれる
○安易に子どもの興味をひくものは，かえって逆効果である

□できている

Ⅲ-47
文化的な深さなど，意外に難しいことに子どもはより深い関心をもつという事実に気づいているか？

　子どもは知的好奇心が旺盛だ。目先のことよりももっと大きな歴史の流れや，科学の不思議を興味深く感じることが多い。一見，難しそうに見えることにも，意外としっかりと興味をもつものである。小学校の中学年からであれば，「地層の成り立ちから地球の歴史がわかること」「なぜ日本に四季があるのか」「ガリレオ・ガリレイの地動説」などのちょっと難しいことでもしっかりと興味をもち，理解しようとする。だから，日常の授業の中で，ちょっとした歴史的事実の裏側や科学的事実の根拠などを時折，語ってあげるとよい。そのためには，より子どもたちを引きつける材料を得るため，小学校の教師でも，物事のメカニズムや，社会で話題になっていることなどを日々，自分で勉強していくことは必要なことである。

　学年が進むにつれ学習内容も複雑になっていくが，その学習内容がどうして必要なのか，どういう時に使われるかなど，学ぶ意義を子どもたちが感じられるようにしていくと，子どもたちも納得して学習を進めることができる。たとえば，5年生の社会科で「日本の四季はなぜあるか？」の学習の中で，春夏秋冬の存在が，地球の公転と関係があることを知ると，より四季の意味を実感することができる。さらに，ガリレオの「地動説」の話やそれ以前の「天動説」の考え方を伝えると，子どもたちはとても驚く。子どもたちにただ知識を教えるだけではなく，それにまつわるエピソードや，実際にその知識が使われる場面などを添えて教えてあげると，学習により積極的になるのだ。

◎文化的な意味や物事の成り立ちなどを加えて教えると効果的

できている ☐

Ⅲ-48 授業中に子どもに語っていいことかどうかを判別しながら,話しているか?

　昔,授業中によく「脱線」する話をする教師がいた。子どもとしては,楽しく話を聞いていた覚えがある。今でも多くの子どもは,教師のちょっと脱線した話を聞くことを楽しみにしている。しかし,子どもの中には,教師をよく思っていない子や,しっかりと授業を進めてほしいと思っている子どももいるため,「脱線」も行きすぎると,保護者からのクレームとなって返ってくることがある。だから,学習内容とかかわりのある内容であるかどうか,その学習を進めていく際により効果的だと判断できる内容であるかどうかなど,授業中に語ってよいことかどうかをよく吟味した上で,子どもに語る必要がある。

　私は本来,学校とは子どもにとっての「社会」であり,教師も含めさまざまな人がいて,その中で多くのよいことや悪いことを経験的に学ぶ場であると考えてきた。しかし,そのような考え方をもつ大人はだんだんと少なくなり,学校の職員は子どもによいことだけをきちんと教えるマシンであればよいと考えるような大人が増えた。塾に通う子どもの中には,塾の先生の方が自分の勉強に対して,より有意義な授業内容を用意してくれていると感じている子どももいる。また,同様の考えから子どもを塾に行かせている保護者も少なくない。その意味からすると,学校には多くは期待しないが,最低限,ふつうに授業を進めてほしいと考えている保護者も増えてきている。残念なことだが,この価値観が今の社会にある以上,教師は真面目に正確に授業を進めることが,まずは必要なのである。その意味で,自分が授業中に語ることも常に吟味する必要があるのだ。

○子どもに語る内容は,それでよいか判断してから話すようにする

☐ できている

Ⅲ-49
特別支援の必要な子どもを理解しているか？

　学級を担任すると,さまざまな子どもたちがいる。話を聞かない子や作文を書き出せない子,絵を描くことを嫌う子,漢字などをそのままに書き写せない子,教師の言っていることを聞いていそうでわかっていない子,突然怒り出す子やカッとなると見境がつかなくなる子,友達とうまくかかわれずいつも一人でいる子,等々……。子どもたちもさまざまな困難を抱えている。

　私たち教師は,そうした困難を抱えている子どもも含め,一人一人がよりよいかたちで成長していけるように,それぞれに支援していかなければいけない。今は本屋に行けば,特別支援教育に関する多くの書籍がある。それらを参考にしながら,授業や学級経営に生かしていく必要がある。しかし私たち学級担任に一番大切なことは,本を読んでわかることではない。その子その子の行動特性を踏まえて授業に生かしていくことである。たとえば,授業中に騒ぐ子どもには,できるだけまわりの環境を整え,その子がパニックにならないように言葉を選び,伝えていく。このような具体策こそが必要なのだ。

　発達障害などの明確な診断がない子であっても,そのような傾向の子どもへのアプローチはできるようになっていないといけない。その意味では,本を読んだ内容だけでなく,経験的にどうしていくとよいかを常に考えておく必要があるのだ。ただ安易に子どもを決めつけるのではなく,その子に合った対応策を常に模索していくことこそが,なにより重要なのだ。

◎決めつけるよりも,その子その子への対応策を考えることが重要

できている □

Ⅲ-50
特別支援が必要な子どもとまわりの子どもとの兼ね合いを考えているか？

　特別支援の必要な子どもへの対処法については，多くの書籍などで語られているとおりであろう。しかし私がここで強調したいことは，学級の中で，誰かが犠牲になるようになってはいないかということである。子どもたち一人一人が互いに「WIN-WIN」の関係にあるかどうかである。私たち学級担任は，たった一人の子どものためにいるのではなく，40人いたら40人の子どもにとって，よりよい学習と学校生活にしていかなければならない。

　私は，特別支援を要する子どもに手厚くすること自体は否定しない。すばらしいことである。しかし，たとえば学級の中で，「この子は世話好きでいつも面倒を見てくれるから」などという理由から，特定の子を特別支援の必要な子どもの隣に常に置いておくことなどは，いかがなものだろう。学級は，すべての子どもたちのためにあるのだ。この姿勢をもって学級づくりにかかわらないと，子どもから不満が出たり飽き始める子が出たりして，学級崩壊の引き金にもなりかねない。

　だから，学級担任は常に，がんばってくれた子をほめていたわるとともに，互いに我慢したり支え合ったりしていくことの大切さを，学級の子どもたち全員に伝えていく姿勢が必要である。多くの子どもがかかわることで助け合うことを認識させ，互いに行きすぎているところは教師がしっかりと修正してあげたりしないといけない。みんな対等であることを意識的に子どもに感じさせることが，なにより重要である。

○すべての子どもに平等な学級経営を心がける

☐ できている

Ⅲ-51
子どもが"学習内容を察する"教材提示を工夫しているか？

　わかりやすい授業や見やすい板書に心がけること，視覚的な教材提示に心がけることなどは，言うまでもなく大切なことである。しかしそれをもっと進めて，「なんで先生，こんなことを言うのかな？」「はは一ん，今日の勉強って，先生，こんなことをしたいんだ！」などと子どもが考え，"学習内容を察する"教材提示を工夫することも大切である。

　たとえば2年生の九九の学習の最終場面で，新幹線の座席の数を九九を使って計算させる場面がある。その学習の導入の際，「今日は新幹線の座席の数を九九を使って計算しましょう」とただ言うのではなく，「これは何でしょう？」と新幹線の座席の写真を見せる。「なんで先生はこの写真を見せたのか？」と，気の利いた子どもは写真が何かを考えると同時にそのことも考える。そして，「なんだ新幹線の座席か。あっ，これがこのように並んでいるのか」「先生は『これを計算しなさい』って言いたいのか」というように，子どもが"学習内容を察する"教材提示をすると，子どもはより意欲的にその学習に取り組んでいく。

　できるだけ授業の構造化を図ることとともに，シンプルで，それでいて考えさせる教材提示，考えさせる板書などは，子どもの思考力を鍛えるためにも有効である。

◎シンプルで，子どもが学習内容を察することができる教材提示を

できている ☐

Ⅲ-52
座席替えを「くじ引き」ばかりで決めていないか？

　座席替えの日となると，子どもたちはドキドキ，ウキウキして登校する。私たちにもそんな経験があるだろう。しかし，教師として大切なことは，座席替えに対する考え方である。

　昔，「座席替えはくじ引き」などということが多かった記憶はないだろうか。いまだにそうしているという教師も少なくないかもしれない。私も本来，それでよいと思う。個々の子どもたちに自立・自律できる力が育っている学級ならば。

　ただ，ここで一つ考えてみないといけないことがある。最近，家庭で大事に育てられるあまり，現実的に社会で暮らすための耐性や規律をもちえず，他の人と交わる感覚が乏しい子どもが多くなってきた。そんななか，はじめから「座席はくじ引き」などという偶然的な感覚だけでは耐えられない子どもが多くなってきている。

　たとえば，多動で暴力的な子どもで，授業も落ち着いて受けられない子どもの近くに，敏感で不登校傾向の子どもを置くのは，どちらのためにもよくない。多動の子どもの近くには，それにも動じないような子どもを置くようにしないといけないのである。このように，座席を決める際には，教育的な配慮が必要なのだ。その意味で，「座席をくじ引きで決める」ことができるのは，子ども個々が自律できている場合のみであると私は考える。

　つまり，座席替えの仕方は，学級担任の教育判断力そのものが出るのである。

☐座席替えを「くじ引き」で決められる学級かどうか判断できるか

☐ できている

Ⅲ-53
座席と教育的効果の関係を理解しているか？

　偶然に起こる事件や事故は別として、学校で教師が行うことは、すべて教育的な効果をねらって行われる。子どもたちの座席を決めることも、その一つであるべきだ。

　私の小学生時代、教師が黒板を背に授業している中で、手紙を回す子がいたり、人をいじめたりする子がいたりした。私も隣の子どもにつねられ、消しゴムを取られ、壊されたりした。座席は子どもにとっての環境そのもので、一日のうちの学校にいる時間の約6割の時間、子どもは席に座っていることになる。子どもにとって座席とは、学校での唯一の居場所である。教師が思う以上に重要なのだ。

　教師はこのことに気づき、子どもの置かれた環境としての座席が、どんな雰囲気をもち、子ども同士の関係にどんな影響を与えるのかを真剣に考えるべきである。

　私はこれまで学級担任として、まったく勉強しない子の隣に教えることが好きな子をつけることや、いつも道具を出しっぱなしの子と世話好きな子のペアをつくるなど、さまざまな子ども同士の関係をもとに実験的に座席替えをしてきた。

　座席の「環境」としての教育的効果はこれまでほとんど考慮されることはなく、教師の指導性や教材研究などにだけ目が向けられてきたが、座席は子どもたちの教育的効果に深くかかわっていることを、教師一人一人が認識すべきである。

◎自分が教師として行ってきた座席替えについて振り返ろう

できている □

Ⅲ-54

座席替えの重要性を認識しているか？

　あなたは，教師として，意味ある「座席替え」をしているだろうか？
　子どもにせがまれて，「座席替え」をしていないか？　これは，一番してはいけないことである。「座席替え」は，子どもに与える学級担任のメッセージでもある。その座席替えを子どもに「せがまれて行う」ということは，「この学級担任はぼくたちの言うとおりになる」というメッセージを赤裸々に伝えているのと同じことだとも言える。こういう教師の学級は一見，「子ども主体主義」の学級経営でうまくいきそうに見えるが，学級崩壊が始まると速い。座席替えは，その学級担任の子どもへの指導方針そのものなのだからである。

　前項でも述べたように，「座席は子どもにとっての学校での最大の環境」である。だからこそ，子どもは「座席替え」をワクワクした気持ちで迎えるのである。それは，なにより自分で多くのことを実感する環境だからである。子どもが「実感する」ということは，どんな学習よりも効果的であるとも言える。たとえば，授業中に教師が「ここが一番大事だ」と黒板の前で力説していても，近くの友達が面白そうな落書きをしているとそこに気をとられてしまう。そして学習内容が，頭に入ってこない。これが現実である。だから，子どもが100パーセント授業内容を実感できるようにするためには，座席も子どもが授業に集中できる環境にする必要がある。

　座席替えを適当にしないことである。座席替えは，学級担任のその子一人一人を伸ばすためのメッセージでもある。計画的で最大限の配慮をもった座席替えをしていく必要がある。

○意図と意味をもった座席替えの方針をもとう

Ⅲ　日常の「授業づくり」に対する危機管理

☐ できている

Ⅲ-55

座席替えの意味と意図を，子どもたちに語っているか？

　座席替えの意味と意図を教師が子どもに語ることは，教師の子どもたちに対する直接的な教育観を伝えることでもある。教師が座席替えの際にあいまいな態度で臨むと，子どもたちはすぐに見透かし，自分たちに都合のいい座席替えの仕方を提案してくる。それを適当に鵜呑みにすると，子どもたちはその教師をなお見透かし，「この先生，ぼくたちが言うと替えてくれる」という認識をもつようになる。そのことがきっかけとなり，さまざまな場面で子どもたちは自分たちの都合を言い始め，自分たちの言い分を聞いてもらえない場合には，ふてくされるようにもなる。それが学級崩壊の引き金になる。

　だから，私は座席替えをする前に，必ず子どもたちに次の3点を伝え，子どもたちから承諾を得た上で座席替えを行っている。

①座席替えは，よりよく勉強ができるようになるために行う

②座席替えは，より多くの友達のよいところを発見していくために行う

③座る場所によって学習上の困難が生じた場合には，教師がすぐにその子どもの座席を替えてもよい（学習上の困難とは，「黒板が見えない」などの身体的な困難，および「他の子どもに迷惑をかける」などの非社会的行為が起こった場合など）

　このようなことをしっかりと伝えていくことで，子どもたちは，「やっぱり勉強が一番なんだ」「勉強するために座席替えがあるんだ」などと思う。そのうち，「しっかりと勉強しないと『座席替え』ができない」という意識も生まれて，より学習に打ち込むようになる。

○座席替えの意味についての話をする
○教師の意図による座席替えをする

できている☐

Ⅲ-56

座席替えに年間の"戦略"をもっているか？

　座席替えは教育的効果を生み出すために行うものであるから，学校における教育課程や年間指導計画などと同様に，より"戦略的に"，意図的・計画的に行われなければならない。

　春のスタート時期は子どもの名前や性格を教師が知る時期。5月から7月の夏休み前までの時期は大きな学校行事などもあり，より多く，よりよく友達と知り合う時期。9月から11月はできるだけ学習に集中するとともに，友達との関係を深める時期。12月から3月は友達と喜びを分かち合い，互いによいところを出し合い，認め合い，助け合う時期……たとえば，このような時期ごとの教育的意義をきちんと踏まえて考えていけば，常に「好きな者同士」や「くじ引き」で座席替えを行うことなどできないだろう。

　座席替えには，「これが完璧！」というものは，方法的にも結果的にもない。常に子どもの姿をとらえて，考えていく必要がある。しかし，これが学級担任にとって，子どもたちの学習環境を整えるためのとても大切な仕事であることは，しっかりと認識するべきである。おろそかに考えたり適当にしたりするのは，もうやめた方がよい。仮に保護者から「今回の座席はどのような意図でこのようにしたのですか？」と問われたとしても，きちんと「今回の座席替えは，このような教育効果をねらって，このように行った」と説明できる学級担任でないといけないのだ。

☐年間の座席替えの"戦略"を明確にもち，意図的に行う

Ⅲ　日常の「授業づくり」に対する危機管理

☐ できている

Ⅲ-57
座席替えが,大きな教育的効果や害悪を生むことを認識しているか?

たとえば以下のような座席替えは,小・中学校では害悪につながる。

- 「好きな者同士」……これは絶対にするべきではない。「いじめ」の基礎を培うだけである。
- 「くじ引き」……学級の全員が自律的に互いを支え合える意識になって,はじめて行える方法といえる。最初から「くじ引き」による座席替えをしていると,その学級担任が,無意図的に行っているとしか,子どもたちは思わない。また徐々に,子どもから「あの子の隣の席になりたかった」などという声が出てくる。この声で,子ども同士の関係を傷つける結果になることもある。
- 子ども同士の互いの欠点をより際だたせるような座席替え……これも学級の雰囲気を読めない教師がよく行うが,目立ちたい子同士,落ち着かない子同士を近くの席にすることである。これは,学級の学習の雰囲気を壊しかねない。

反対に,こうすると教育的効果が上がるという例を紹介する。

- グループに必ずリーダーを配置する。
- 特別支援の必要な子どもは,教師の目がよく届く席にする。
- 授業中に目立ちそうな子は,みんなからよく見える席にする。
- 学級の雰囲気が「落ち着ける」座席替えを常に心がける。
- 学年の後半になると,「教え合える」関係を意識した座席にする。
- 座席替えの意図を必ず子どもに語る。

☐ 座席替えの際には,必ず教師自身が学級の現状を分析し,立ち止まって考える

できている☐

Ⅲ-58
子どもたちからのブーイングに妥協しないで，教育的効果を上げるための座席替えをしているか？

　子どもたちは，座席替えを待ち望んでいる。日々の学校生活の中では，ちょっとしたドキドキ感のあるイベントの一つである。だからこそ，子どもたちにとって座席替えをどう行うかは，大変重要なことである。学級担任が示す座席替えの方法と内容から，子どもはその学級担任の教育観，指導観を感じ取るのである。その感じ方が，今後の学級運営に大きな影響を及ぼすものとなる。

　だから，座席替えをする場合には，はじめから教師の意図を子どもに伝える方がよい。最悪なのは，はじめに無意図的に座席替えをくじ引きで行い，2回めは教師が決める，などということをする場合である。子どもからは「なんで」「どうして」と一気にブーイングの声が上がるであろう。ここでさらに教師が子どもに折れてしまい，「じゃあ，くじ引きにしよう」などと言うと，その時だけは拍手喝采であるが，子どもは「この先生，俺たちが言うことをなんでも聞く」と思ってしまい，他の場面でも教師に対し，無理難題を言ってくることが少なくない。

　大切なことは，はじめからぶれずに教師の教育観で子どもを納得させることである。座席替えは，その教師の教育観を子どもに知らしめる絶好のチャンスの一つでもある。このことを認識し，教育的効果を上げられる学級担任は，子どもからの信頼も厚くなるのだ。

☐座席替えは教師の教育観を示す場面であることを意識する

☐ できている

Ⅲ-59
男女が仲よく考え合える座席替えをしているか？

　座席替えの際に，もう一つ考慮すべきは，男女の仲のよさである。特に高学年の学級担任は，これで苦労する。男女が仲のよい学級とそうでない学級は，基本的にふだんからその学級担任が男女の助け合いを語っているか否かで，ほぼ決まる。女子同士のいざこざが目につく学級や，やさしさが見られない学級は，その学級担任が男女の助け合いや一人一人の助け合いの必要性に無頓着な場合が多い。

　その意識がはっきりしてくるのは，座席替えの際である。私は，学級の男女の人数が均等な場合は，必ず隣が異性になるようにする。授業中の同性の友達同士の私語を減らすことも目的の一つだが，一言でいうと「節度を保つ」ためである。子どもは基本的にわがままである。それを少しずつ自律的にしていくことは，学校と家庭，そして地域社会の任務である。自分の学級の子どもを少しずつ自律的にしていきたい。これは，多くの教師が思っていることであろう。

　社会では，男と女，男と男，女と女が協力して世の中をつくっている。学校，学級はその縮図である。ある種の節度を保って，互いに協力し合える関係づくりを学ばせることは，教師の本来の任務の一つである。

◎男女の助け合い，一人一人の助け合いを意識した座席替えをする

できている ☐

Ⅲ-60 特別支援の必要な子どもへの配慮をしながら、座席替えをしているか？

　最近になり、学級担任が配慮していかなければいけないことの一つに、特別支援が必要な子どもへの対応ということが出てきた。ここでひとつ誤解がないように、正確にとらえなければならないことがある。いまや、すべての学級で各学級担任が、特別支援教育の視点に立った考え方で学級を運営していかないといけない。だから座席替えにも、昔とは違う配慮が必要になってくる。

　いわゆるADHDの子どもやLD傾向の子ども、アスペルガー傾向の子どもなど、それぞれで対応は違ってくる。座席替えについても、それぞれに応じた配慮が必要になってくる。

　基本的に、特別支援の必要な子どもは、教師の目の届くところに置くことが、絶対条件である。またADHDの子どもは、興奮させたりパニックにならないように配慮して席を決める必要がある。また、アスペルガー傾向の子どもは強い刺激が苦手なので、できるだけ穏やかな雰囲気を維持することが大切である。またLD傾向の子どもは、本人が認識できないまま次の学習になってしまったり、できていないのにできたふりをしたりする傾向も出てくるので、教師がチェックしやすい配置にしてあげるとよい。

　特別支援教育の考え方が進み、配慮が必要な事柄も多くなってきた。座席ひとつについても、その子に必要な配慮を確認しながら丁寧に決めていく意識が必要だ。

○特別支援の必要な子どもへの配慮をもった座席替えを

☐ できている

Ⅲ-61

子どもが成長し合える座席替えをしているか？

　これまで座席替えのことをいろいろと書いてきたが,「座席替えなんて, どうでもいいだろう」という考え方をもつ教師もいるだろう。しかしこれまで「座席替えのセオリー」についてあまり語られなかっただけなのだ。「学校は子どもを育てるところ」という概念における教育現象学的にみると,「座席替え」というのは, とても面白くて興味深い内容であることは間違いない。

　つまり,「子どもが成長し合える座席替えはどういうものか？」を追究することは, 研究授業で自分の独自の「学習展開案」を考えることと同じくらい大切なことである。

　では,「子どもが成長し合える座席替え」について, 話を絞ってみる。「子どもが成長し合える座席替え」って, どんなことなのだろう？

　私は,「節度の保てる雰囲気」「互いをわかり合える雰囲気」「安心して考えられる雰囲気」「わからなくてもわかろうとする雰囲気」「自律してきている雰囲気」などが見られる場面を想定する。これらのことが想定できないままでの座席替えは, 教育的効果を求める学校で, ありえない。大学のように自分の好きな席に座って, 教授されることを自分なりに考えていく大講義室形式でも十分に教育的効果を望めるのであれば, その方がよい。しかし日本の小・中学校には, 依然として「座席替え」という文化が残っている。この文化は, 意味もなく残るのではなく, しっかりとした意味づけのもと, 残す方が妥当である。その意味でも「子どもが互いに成長し合える座席替え」文化を残すことは, 今を生きる教師に求められることでもある。

◎『子どもが成長し合える』座席替えを目標にしよう！

できている □

Ⅲ-62
宿題は毎日しっかりとチェックしているか？

「宿題は毎日しっかりとチェックする」——これは学級担任・教科担任として，当たり前のことである。しかし，これをきちんとできていない・していない教師が多いことも事実である。担任教師の「宿題」のとらえ方や扱い方が，教師に対する子どもたちや保護者の信頼感にも大きな影響を及ぼしうるものであるということを，この項では述べたい。

子どもたちは教師から「宿題をやりなさい」と言われたのだから，やるのが当たり前である。しかし教師がそれをチェックしないことで，宿題をやらなかった者・提出しなかった者は，「逃げ得」になってしまうのだ。子どもたちは，それをちゃんと見ている。すると，「うちの先生は宿題をチェックしないから，適当にやってもいいかな」「やらなくてもいいかな」という心理が生まれ，その結果，宿題や学習そのものに対する緊張感自体を失うことにもつながりかねない。そのことは，保護者にも子どもの口から伝わり，「宿題」についての学級担任のとらえ方を問われる。チェックしていない教師は，完全に保護者に問い詰められることになる。

「宿題をしっかりとする」という習慣づけが，学力が伸びることにつながることも，昨今の全国学力・学習状況調査の結果などからも明らかになってきた。教師がマメに宿題をチェックするという作業は，昔よりも重要になってきている。保護者への説明責任を果たすためだけでなく，教師への信頼感，また子どもへ正義感を伝えるためにも大変重要なことである。

◎「自分が出した宿題は必ずチェックする」——それが教師の宿題である

Ⅲ 日常の「授業づくり」に対する危機管理

☐ できている

Ⅲ-63
宿題をしてこなかった子どもに，例外なく学校で宿題をさせているか？

　宿題をしてこなかった子どもには，例外なく，学校で宿題をさせる。本人のためであるという以上に，学級の「節度ある雰囲気」を保つためにこのことは大切である。この点を教師が一度でも妥協すると，子どもは「この前は宿題を出さなくても許されたのに，なんで今回はやらないといけないの？」などと言って，その妥協点を必ず突いてくる。

　もし，学級担任が宿題を出して，してこなかった子どもに何も言わなかったならば，いずれはクラスのほとんどの子どもがやってこなくなるだろう。やってもやらなくても関係なくなるからである。しかしそれでは宿題を出す意味もなくなる。また保護者の中には，教師の怠慢として映ることは，必須となるだろう。真面目な子どもほど，今度は家へ帰って保護者に「うちの先生，宿題出したのに，していない子に何も言わないんだよ」などと伝えることで，学級懇談や個人懇談で指摘されることは，当然起こることである。

　子どもは，「宿題に対する平等感」を常に教師に求める。自分は家に帰って，しっかりとやったのに，何もしていない子と同じなのかと教師に対する不満をもつ子どもも絶対に増えてくる。また学級のけじめをつける感覚もなくなり，学級担任に不信感をもつようにもなる。

　宿題を忘れた子どもに学校で宿題をさせることは，子どもの立場になれば，当たり前のことである。それはまた，子どもたちの正義感を醸成していくことにつながる。

◎学級の節度を保つために，宿題を忘れた子どもには必ずやらせる

できている ☐

Ⅲ-64
宿題の量を考えているか？

　よく，学校アンケートなどで「宿題の量が多すぎる」いや，「少なすぎる」と保護者が書いてくる内容を目にする。学級担任・教科担任である以上，子どもに課す宿題の量については考えているはずである。その量が適正か否かは，それぞれの教師が考えればよいことである。

　大切なことは，「宿題の量」をその家庭に合わせて変えるのではなく，保護者にできるだけその子が自主学習でやれる内容があるかを伝えることである。「うちの子は宿題じゃないと，まったくしないんですよ」などと保護者が言う。その場合，「自分でやれることを見つけてやる，それが本来の勉強です」と言い，さまざまな勉強ができる内容を提示して，家庭での自主勉強の時間を多くするように，子ども本人にも促す。

　また「宿題の量が多すぎる」という内容については，「うちの子どもは塾や習い事が多くて，学校の宿題がなかなかできないんですよ」などと言う保護者も多い。私は，そんな家庭にも大丈夫なように高学年でも20分程度で終わる宿題を毎日欠かさず出している。

　最後に，宿題を出す場合に気をつけないといけないことがある。教科書そのものを進めることを家庭への宿題に出すのはやめた方がよい。教科書はあくまで教師が子どもに教える内容であり，家庭での宿題は，主に習ったことの復習を中心にする方がよい。教科書の内容を宿題に出すことで，教師の怠慢と見なされることもあるので要注意だ。

◎宿題の量より，宿題への考え方を明確にもつ
○教科書の内容を宿題にする際は要注意

☐できている

Ⅲ-65 自主的に家庭学習できるように配慮しているか？

　前項で述べたように,宿題はあくまで教師が子どもに課す復習の意味合いが大きい。これだけで十分な学習であるか否かは,各家庭で考えてもらえばよい。ただ,宿題は学級のすべての子どもが最低限,習得しないといけない内容を教師が意図的に課す教育活動であるから,宿題の内容などには,教師はしっかりと責任をもたなければならない。

　しかしそれより大切なことは,「もっと勉強したい」と思う子どもが主体的に家庭学習を行える状態になっているかということである。塾などにお金を使える家庭はよいが,そうでない場合にはやはり学校が子どもの主体的な学習を支援していかなければならない。そのための方法をしっかりと子どもたちや保護者に提示しているだろうか。

　私は,学校で「家庭学習のすすめ」を作り,子どもたちの主体的な家庭学習を学校が支援していますよ,というメッセージを発している。「音読カード」や「図書室の本の日常的貸し出し」,具体的な「調べ学習例」「自主学習ノート」,繰り返し行うドリル学習の仕方,また日常的な内容について研究できるやり方を示したもの等々,多くの内容を自由に家庭学習できるようにしている。

　他にも自主学習時間を書き込める「家庭学習カード」を作り,毎日どのくらい自主学習を家庭で行ったかを書き込めるようにしている。大切なことは,自主学習を家庭でするための環境を整えるだけでなく,子どもの意識を「家庭学習の習慣化」につなげていくことである。そのためには,「なぜ勉強が大切か」「なぜ勉強をしないといけないか」を,より具体的に子どもに語ることがなにより重要である。

◎「勉強する」意味を語っていく
○自主勉強をできる環境の整備

できている □

III−66
学年の担任が複数の場合，ドリルのさせ方などを統一しているか？

いまや，保護者同士の情報網にはすさまじいものがあり，どんな小さな情報でも筒抜けになる。時には根も葉もない噂まで飛び交うこともある。また，子ども同士もいろいろと情報交換している。「うちの学級の先生は『ドリル○回やれ』って言っていた」「うちなんか，2回だぜ！」「いいな，いいな。ずるい！」などという言葉とともに，子ども同士でも情報はしっかりと行き来する。

特に子どもに取り上げられることは，学級間差である。ある学級は3回ドリルをやらないと許してもらえないのに，ある学級では2回でいいそうだ，などという議論になると，「もっと学年で統一してやってくれた方がいい」という考えが，保護者の中からも出てくる。このことが，学級担任のみならず学校への不信感につながることもある。

だからこそ，学年で複数学級ある場合は，足並みをそろえることが肝心である。また，新任教師や経験の浅い教師などは，かたちだけ他の教師にそろえることはできても，その具体的な取り組み方までは，まだ察しがつかない場合も多い。その意味でも，漢字ドリルの使い方やノートの使い方などといった細かい事柄についても，学年の教師間で調整することの意味は大きいといえる。

○常に学年で進め方などを相談し，統一していく
○新任教師は，細かな点まで聞くことが肝心

□ できている

Ⅲ-67
宿題プリントやノートの添削はその日のうちに行い，返すようにしているか？

　宿題プリントや宿題ノートの添削は，その日のうちに行い，返すこと。これは，絶対にすべきである。

　これから述べる事例は，実際にあった家庭での会話である。

　30代の母親が，２年生の子どもと次のように話していた。

　母：「本当に今年の先生も失敗だったわ。最悪だよね。新採用でね。だって，算数の宿題を出しておいて，算数のノートを子どもに返していないんだもんね」

　子：「うん，ノートないと勉強できないのにね」

　母：「あの先生，ノート返すの，いつも遅いのよ」

　じつは，私はその場で聞いていた。そしてちょっと恐ろしくなった。家庭では，「教師のミスをこのように辛辣に話しているのか」と。教師の立場からみると，「仕方がないじゃないか。そのぐらい親が気を利かせて他の方法を提案ぐらいしてくれよ」という思いにならないでもない。が，それは甘い。

　この親子の会話が，今の家庭の学校を見る目の現実を語っていることを，私たち教師は，感じなければならない。今の教師の仕事は，使命感と適格性が常に問われている。小さなミスも保護者の信頼をなくし，教師をバッシングする要因にするのだ。

　だからこそ，私たち教師は危機感をもちながら，職務を遂行しなければならないのである。子どもにとっての「尊敬できる先生」への道は甘くはない。日々の多忙感で，子どもの動きを停滞させたり適時性を欠いた対応をしたりすると，すぐに叩かれる時代である。

　◎ノートの添削などは，その日のうちに！
　○ノートは，その日のうちに返す！

できている☐

Ⅲ-68
ノートやドリルは，定期的に点検しているか？

　昔は，ノートなどほぼ見ない，テストは学期末にまとめて返す，といった教師もよく見かけた。しかし今は，こまめに子どものノートに目を通すことやきちんと毎日の宿題を添削することは，教師が当たり前にしなければならないことになった。

　私は，必ず教科ごとのノートを定期的に点検できるようにしている。具体的にいうと，子どもに考えを書かせる場を必ずつくるようにしている。国語では，「初発の感想」場面や学習感想，視写，ちょっとした作文や詩づくりの場面を定期的に入れていき，そのつど添削およびノートの使い方を見ている。算数が一番添削することが多く，ほぼ毎日，もしくは2日に一度の割合で添削している。「今日の問題」の自分の解き方を子どもたちに必ず考えさせ，書かせるようにしている。その内容を確認するために添削していることが多い。子どもが「考える力」を日々つけてきていると実感できた時には，感動する。また学習感想もよく書かせると，他の子どもの意見をしっかりと聞いているかどうかなどを確かめることができる。社会科は，「気づき」をたくさん書かせる場面を使う。たとえば写真を見せて，気がついたことなどをできるだけ箇条書きで子どもに書かせるようにしている。そのような気づきの場面を設定し，それを添削する場面をつくっている。

　ただ板書を写しているか否かを見るために添削するのでは，子どもも教師もつまらない。常に「考えの足跡」を残すように指導し，そこを添削するとよい。

○常にノートが「子どもの考え」のあらわれとなるノート指導を
○添削は，子どもの考えを

Ⅲ　日常の「授業づくり」に対する危機管理

☐ できている

Ⅲ-69

テスト前に必ず確認プリントをさせているか？

　最近は，子どもたちも保護者も，学力に対する関心が高くなっている。そのため教師には，学力をしっかりと付けるための「丁寧な指導」が求められる。昔のように，「忘れていてしなかったテストをまとめて3枚も子どもにさせる」などの乱暴な指導はできない時代になった。まとめて何枚もさせたり，適時性を欠いたテストのさせ方をしていると，保護者からのクレームが必ず来るだろう。

　私は，テスト前に，子どもたちに「確認プリント」や「復習プリント」をさせてから，単元終了時のテストを行うようにしている。この過程をとることで，子どもたちが，わからなかったところを復習し，あいまいだった点を確認する。その後でテストをする。

　子どもが「よい点をとる」ことは，なによりも子どもに学習内容の確実な習得を保障するという点で大切なことだが，教師の危機管理上も大切なことである。たとえば，学級の多くの子どもが60点以下の低い点数をとるということは，教師の教え方に問題があったことを意味している。保護者からも，教師の教え方に対するクレームが寄せられないとも限らない。その意味で，教師が自分の教え方が正しかったことを証明するためにも，単元の終わりに確認プリントをさせ，習得状況をみてからテストをすることは，教師の危機管理上，重要なことである。また学級担任や教科担任として，最後まで手を抜かず，丁寧な指導を心がけることが必要である。

○テスト前に必ず復習させる取り組みを！
☐テストの結果は，教師の評判にもつながる

できている☐

Ⅲ-70 教師がテスト内容にかかわるところを事前に確認しているか？

　市販のワークテストなどを利用して，単元の指導内容の定着度や理解度をみることも多いと思う。その際に大切なことは，その単元を指導する前にテスト内容に目を通しておくことである。

　これはけっこう重要なことで，どの点に力点をおいて指導するとよいかを見きわめたり，より効率的に学習を進めたい場合に有効である。市販のテストを子どもたちにやらせたら，「指導が薄かったところがテストの問題になっていた」とか，「教師自身はあまり重要でないと思っていたところが大設問になっている」とかいうこともよくある。一つの教科を複数の教師が担当していて，当番制でテスト問題を作る場合などにも，定期テストの内容が，自分の力点を置いた指導とはまったく違う種類のテスト問題だったりすることがある。やはり「指導と評価の一体化」という視点からも，事前にテスト内容について確認したり，協議したりして，指導に当たることが，重要である。

　子どもたちが家に帰り，保護者に「今日のテスト，習っていないところが出たんだ」などと言われてしまうと，保護者はテストとなるとより敏感に反応する場合もあるので，対応いかんによっては教師が厳しいクレームにさらされることも覚悟しなければならなくなるだろう。テストはできるだけ慎重に行うとともに，指導の前にテスト内容の確認をすることを勧める。

◎事前にテスト内容の確認をして指導しよう
◎教科担任が複数の場合，テスト内容の協議をし，統一してから指導に入ろう

☐できている

Ⅲ-71
子どもにテスト実施日を事前に告げ，テストのための勉強を家庭でしてくる習慣づけをしているか？

　中学生にとっては，定期テスト前の家庭学習の習慣は当たり前のようであるが，小学校では，まだテスト前の家庭学習の習慣化をしっかりと打ち出している学校や教師は少ないように思う。私は，子どもたちに来週，どの教科のどの単元のテストをするかを知らせて，テスト勉強を必ずしてくるように伝えている。また，テスト前の家庭学習の習慣化も教育的には非常に重要で，子どもたちには身に付けさせたいことでもある。

　10年くらい前まで小学校では，思い立ったようにテストをする教師がいた。子どもには何も告げず，突然子どもにテストをさせる教師がいた。これは，今は通らない。子どもにも事前にテストを受けるために準備をする必要があるのだ。通知表の評価規準が各学校で明確化され，保護者にも評価規準を明文化して配付している学校もある。それが当たり前になった今，教師は子どもに通知表の成績に関係する内容をもつテストを，抜き打ちでやってはいけないのである。「先生が，突然テストしたから，こんな成績になった」などと言われたら，どうであろう。子どもが事前にわかっていて，そのための準備ができたにもかかわらずこの結果であったなら，保護者も「仕方がない」と言うだろうが，学校側が勝手に行っているものに対しては，クレームをつけたい保護者はたくさんいる。子どもの自己責任の所在をはっきりとさせるためにも，テストは事前に通告し，子どもに準備させる期間をもたせることは，当然のことである。

○テストは必ず事前に子どもに通告してから行う
○子どもに準備させる時間を確保する

できている □

Ⅲ-72 テストは早めに採点し、1週間以内に返すようにしているか？

　昔は、テストをため込んで、学期末に採点している教師が多くいた。なかには通知表を配る時にその学期に行ったテストをすべて返す教師もいた。しかし今の教師はそれではいけない。「先生はテストをいつ返してくれるかな」「今回のテストはよくできたから、早く返してほしい」などと子どもたちが言っていることも耳にする。子どもが忘れたころにテストを返す教師は、それだけで信用をなくしていくのである。

　「テストは1週間以内に返す」、これを原則とするとよいと思う。予定がつかずに遅れることもあるが、忙しさにかまけてずるずると先延ばししているうちに1か月も放置してしまった、などということは、往々にしてありうる。一般の社会では、今はどの企業もスピードと顧客サービスの充実で生き残ろうとしている。教師がこの一般常識とかけ離れると、叩かれる。

　子どもは、テストをいやがりつつも、どこかテストを待ち望む心理ももっている。テストを定期的にしっかりと行っている学級には、学級崩壊は意外と少ない。何もせずに緊張感のない学級経営をする方が、学級のトラブルを招きやすい。テストを定期的にしっかりとする教師ほど、テストもしっかりと早めに返すし、計画的に仕事も終える。

　教師の職業も保護者からみれば、「スピード」と「顧客サービス」の充実が当然なのであろう。その意味でもテストは1週間以内に返すことが、教師の常識になってきていると考えるべきだ。

◎テストは早めに採点し、1週間以内に返す

☐ できている

Ⅲ-73
テストを返す際に，答え合わせをしっかりとしているか？

テストを返す際に，必ず学級で「答え合わせ」と「テスト直し」の時間をとるのは，いまや常識である。昔は，テストを学期末にまとめて返して，それっきりという教師もいた。テストで子どもが「40点」や「30点」でも，それは単にその子が勉強ができなかった結果であるという認識が教師だけでなく保護者にもあり，それで納得していたからである。しかし今は違う。「うちの子が30点や40点しかとれないのは，先生の教え方が悪いからだ」と考える保護者が多くなってきた。

子どもがテストでよい点をとれなかった事実は事実としてあるが，教師はその後のフォローをしたのかと問われたら，テストを返すだけでは不十分であるといえる。最低でも，その子に「正解はこれで，このように考えるといいんだよ」「テストに正解を書いてごらん」というフォローが必要なのである。

「テスト後も子どもをフォローしていますよ」という姿勢を見せていくことは，保護者とのトラブルを回避する危機管理上も大切なことである。

◎テストの答え合わせと答え直しの時間を必ずとる

できている ☐

Ⅲ-74
テスト直しで子どもがテスト内容を答え合わせで理解できたら，100点を付けて返しているか？

　テスト直しの後に100点にすること，こんなことしなくてもいいように思う。私もそこまでしなくても，とも思う。しかし子どもたちが行うワークテストにどのような意味や意義をもたせるかを考えていくと，そういうわけにはいかない。

　ある時，ある中学校の学年懇談会で「先生，期末テスト結果で，それで終わりですか？」「テストはすれば終わりなんですか？」という質問めいた抗議が保護者から上がった。これは何を意味するのか？「学校は，教えた，教えたと言いながらテストすると，それで終わりなのか」「わからなかった子ども，できなかった子どもへの配慮はないのか」という抗議である。田舎の静かな学校でも，このような抗議が時として出てくる。このことは，他人事ではない。教師である以上，テスト後のフォローと危機管理上，責任を問われないぎりぎりのところまでしておく必要がある。

　なぜかというと，入試などとは違い，定期テストやワークテストは，指導の一環であるからである。つまり，テストでわからなかったところは，最低でも答え合わせをして自分で復習できるようにしてあることが，教師としての責任を果たしたことになる。一番よいのは，その後も再テストなどで子どもの理解を促す努力をすることだが，学校も常に新しい学習内容の履修に追われている。だからこそ，このテスト内容を答え合わせして，理解したという証しに100点を付けて終わらせることが大切なのである。

◎必ずテスト直しの時間をとる
○テスト直し後，100点にする

Ⅲ　日常の「授業づくり」に対する危機管理

IV 「給食の時間」に対する危機管理

　給食の時間に危機管理なんて……と思う方も多いかもしれない。本書の冒頭でも述べたように小学校・中学校の教師は,「生活者」として,子どもと共に暮らすことが職務の中心である。だからこそ,給食の時間も危機管理が必要なのだ。

　現にこれまで,給食の時間に学校で多くの重大事件が起こっている。小学校での同級生による殺傷事件や「毒盛り」事件などもこの給食の時間に起こったものである。子どもは授業中は教師に管理され,めったに自分の思うとおりの動きができないが,給食の時間は,授業中などに比べると子どもたちはある程度自由に過ごすことができる。だから怖いのである。子どもの真の思いが出る時間であり,教師の気がゆるむ時間でもある。子ども同士の不安定な人間関係がつくられる時間でもある。このような時間こそ,教師の私生活感や社会的判断力が問われる時間となるのだ。

　また最近では,食物アレルギーなどさまざまな配慮事項も増えてきた。食べられない食材や食べることへの細かな気配りも必要になってきた。もう,昔のように「何でも食べなさい」と言える時代ではないのだ。

　給食の時間への配慮も,大切な学級経営の一場面である。この章は項は多くないが,その重要さは計り知れないということを知ってほしい。

できている □

Ⅳ-1 学級の子どもたちの食物アレルギーの品目を確認しているか？

　学級の子どもたちの食物アレルギーの品目について，年度はじめに確認しておくことは，絶対に必要である。

　保護者からの健康調査書や家庭環境調査書などに必ず目を通し，記載されている食物アレルギーの品目は，チェックをしておかないといけない。できれば，それを確認する作業を養護教諭や保健主事と共に，学校体制で行うことができればベストであるが，最低でも学級担任が年度当初にメモとして残しておくことは，絶対に必要な作業である。

　特に低学年を受け持った場合には，給食が始まる前に必ず調査やまとめをしておく。1年生などは慣れない学校生活に緊張しているため，給食が始まってもなかなか自分から言えず，食物アレルギーの品目を食べてしまったりすることも珍しくない。そのような場合には，生命にかかわる事態にもつながりかねない。

　そうした危機を招かないためにも，学級担任による事前のチェックはなによりも大切であり，決してあなどってはいけない。

◎子どもたちの食物アレルギーの品目を年度当初にチェックせよ！

Ⅳ　「給食の時間」に対する危機管理

☐ できている

Ⅳ-2 食物アレルギーのある子に，自分の食べられない品目が出たら言うように指導しているか？

　給食が始まる前に，食物アレルギーのある子どものチェックをすることの重要性は，前項で指摘した。その次に大切なことは，必ず子ども一人一人にその食物アレルギーについて確認することである。

　その子が食べられない品目がわかっていても，その品目が常に目に見えるかたちで給食に出てくるとは限らない。たとえば，エビが食べられないとすると，エビエキスを使ったスープなども食べられないのかどうか。その辺は，子どもに聞くしか方法はない。もし子どもでもわからなかったり不安だったりしたら，保護者に確認をとる必要がある。食物アレルギーについては，医学的なこともかかわるので，慎重に確認し，その時々で判断していかないといけない。

　食物アレルギーをもった子どもに必ず伝えておかなければならないことは，次の二つである。

①食べられない品目が入っているかもしれない給食が出たら，必ず先生に言うこと

②不安がある場合は，絶対に無理して食べないこと

　学校や給食センターが保護者に配付する「今月の献立」に，主に使われている食材が書いてあるものもある。それを学級に張り出しておいて，子どもにふだんから見させる習慣づけをすることも効果的である。大切なことは，子ども自身にそれを防ぐための自己防衛の習慣づけをしておくことである。子ども自身が気づき，自分で処理できるようにならないと，学級担任がすべてチェックすることはできない。ふだんから「無理をして食べない」と伝えておくことも重要である。

◎必ず子どもに食物アレルギーについて確認すること

☐「何でも食べなさい」と声高に言わないこと

できている □

Ⅳ-3
給食の始まりに必ず学級にいるようにしているか？

　4時間目が終わって,子どもたちはちょっと開放的な気分になる。友達とじゃれ合ったり,ちょっとしたひそひそ話をしたりするなど,子どもたちは解放された気分をさまざまな行動に表す。それは,いじめやけがにつながる子どもたちの動きが活発になるということでもある。また,この時間は子どもの動きが入り乱れて,何をしているかを教師が把握しにくいことから,事件や事故も起こりやすい。私は,この4時間目が終わって給食の準備をする時間帯を「給食前デンジャラスタイム」と呼んでいる。

　午前の授業が終わると教師もちょっとホッとして,用事を足しに教務室に戻ったり,子どもたちの喧嘩から少し離れたい気持ちになったりするものだが,この「給食前デンジャラスタイム」の時間帯は,学級担任は教室にいて子どもの動きを丁寧に見ておくべきである。この時間にできるだけ子どもの動きを見やすく,危険度を少なくするために,私は次のようにしている。

○給食当番に先に手洗いをさせ,給食の支度をさせる
○残っている子どもたちには,翌日の連絡を書かせる
○終わった子から,手洗いに行かせる

　このようにすることで,子どもたち一人一人の動きが分散され,教師が見取りやすいかたちになる。時間をもてあまして変な行動をする子どもも少なくなる。このようにすることは,子どもの動きを見取りにくい大規模校・中規模校では特に有効である。

◎給食前の時間は,学級担任は必ず教室にいること

Ⅳ 「給食の時間」に対する危機管理

☐ できている

Ⅳ-4 配膳中も教室内の子どもの動きに目を配っているか？

　給食当番が食器などを持ってきて配膳が始まっても、「給食前デンジャラスタイム」は続いている。この時間も、やることのない子どもたちは、食缶の近くでも平気でじゃれ合う。食缶に触って、こぼれてやけどでもしたら大変なことになる。そのような行動をする子どもをしっかりと注意するためにも、学級担任は目を配っている必要がある。昔、子どもが食缶に薬品を入れるという事件が起こったのも、この時間帯である。

　しかし、この時間はそれだけのために教師がいるわけではない。学級担任にとっては、子どもを観察する大切な時間でもある。この時間にしか見えない子どもたちの心が見える時間でもあるからである。具体的に言うと、たとえば、配膳の際、ある子には大盛りで、ある子にはきわめて少ない量しか盛らない、常にある子の配膳だけが最後になる、子ども同士で目配せをして配膳を取り替える等々、ちょっとした子どもたちの動きであるが、子どもたちにしかわからない微妙な感覚がこの時間にあらわれる。こうした行動には、子どもたちの本当の意識や心があらわれていて、「いじめ」などの芽もこうしたところから生まれてくる。ここを逃さず指導に生かしていく教師の目が重要となる。

　このように、この時間が、多くの子どもの心の動きが見える時間であることを、学級担任は自覚しておく必要がある。学級担任は、教師であると同時に「生沽者」であることは、この給食の時間にこそ、言えるのである。

◎給食の配膳の時間は、子どもの心を観察し、とらえる時間だ！

できている □

Ⅳ-5 学級で一番最初の給食配膳は，先生用にしているか？

　よく見られることだが，秩序のない学級ほど，学級担任の配膳が後回しになっている。学級担任を軽んじる子どもたちの意識がそこにあらわれている。また，学級担任が子どもたちを適切に指導できていないことが如実にわかる姿でもある。「先生の給食がないぞ！」と子どもを叱りつけている学級担任では，もうアウトである。このような学級は，学級崩壊の危険をはらんでいる。

　私は，「給食の一番最初の配膳は先生用」と子どもたちにしっかりと徹底させている。この「先生用の配膳が一番最初」ということは，学級の中の秩序を守るためにも大切なことであるが，ただ大きな声で「先生の配膳はまだか」と言っているだけでは，子どもには教師が権力的に振る舞っているとしか見えない。

　まだ私が新採用だった頃，ある老教師が「先生の配膳を一番最初にするための方法」として教えてくれたことがある。それは，「先生用は毒味用」というものだ。学校では管理職がまず検食をする。それは学校で給食ができるとすぐに行われる。学級に来た給食の最初のものは，学級担任が検食をする。そのために学級に来た最初の配膳を先生に渡すのだ。このことを子どもにきちんと説明すれば，子どもたちは納得して，先生用の配膳を一番最初にするようになる。

　このように，そうしなければならない理由をきちんと子どもに語れば，子どもはしっかりとわかる。わかることで，秩序は保たれていくのである。

◎先生用の配膳を一番先にする理由を語れ！

Ⅳ　「給食の時間」に対する危機管理

☐できている

Ⅳ-6 給食時の席を安易に「自由席」などにしていないか？

　給食時に，子どもたちが時々，「自由席にして食べようよ」ということがある。意外とこのような子どもたちからの要望について，悩んでしまう教師は多いかもしれない。逆に，こんなことは当たり前と安易に行っていく教師も多い。じつは問題は「自由席」にすること自体よりも，このように教師同士の価値観がまったく違う点にあるのである。信念のない教師は，すぐに子どもの言われたとおりにご機嫌取りをする。逆に，頑なな価値観で，給食時の席を自由席にすることは「いじめ」につながるから絶対できないと考え，子どもたちに「できません」とだけ言い続ける教師もいる。はじめはよいが，子どもは慣れてくると，その教師の指導性に反発心をもつようになることも少なくない。つまり，子どもは，たとえ要求が受け入れられたとしても受け入れられなかったとしても，わがままになってくるのだ。

　じつは，議論のポイントは，そこにはない。いかに子どもに考えさせるかが大切なのである。「自由席にするかしないか」が問題なのではない。その過程で教師は，子どもにどんなことを考えさせたいのか，どんな経験をさせたいのか，そのことを考えられない教師は，ただ子どもの言いなりになったり，まったく子どもの意見に耳を傾けなかったりする教師になってしまうのだ。

　大切なことは，子どもに経験させたいことがある場合，その「自由席」にするということを通して子どもに経験させたいことがしっかりと遂げられるかどうかを判断することである。

◎給食の「自由席」にどんな教育的効果が期待できるのかを考える
◎「自由席」にする・しないの功罪を子どもに納得できるように語っていく

できている □

Ⅳ-7 教師は自分の席で給食を食べているか？

　教師は自分の席で給食を食べているか？　よく子どもの席を借りて，「今日は○○さんの隣で食べようかな」などと言って，自分の給食を持ってくる教師を見かける。私はどうかと思う。子どもたちもはじめは先生の取り合いみたいになるから，教師冥利に尽きるなあと勘違いするだけである。なかには，「こういう給食の時によく話をして信頼関係を築くんだ」という教師もいる。まあ，できるのは，せいぜい小学校低学年までだ。

　小学校高学年の子どもたちになると，この教師の動きを意外とシビアに見ている。あえて教師が子どもの中へ入ることを，である。教師がどんな顔で，どんなことを言いながら子どもの中に入ってくるかをよく見ているのである。そして後で，他の友達との話題にしてしまうのだ。ひどい時には，それがきっかけで「いじめ」問題にも発展する。教師は，子ども同士の人間関係に無理矢理入っていこうとしないことがまず重要である。常に大局の視点から，子どもたち全体の姿をとらえることが，特に今の時代では肝心である。

　変に子どもの中に入ることで，教師自身が，事件や事故の当事者にさえなりかねない。ここら辺は，本当によく考えないといけない。よく「先生，あそぼ！」と言われて遊ぶ教師がいる。しかし実習生などに多く見られるが，自分自身が夢中になって，むきになる教師がいる。このように「教師自身が遊ばされている」場面をみると，危険な感じがして仕方がなくなる。教師は，常に子どもの中に入る際，その方向性を冷静に考えて行動しなければならない。

○教師が子どもの中へ入る際には，冷静に考えてから行うべきだ

☐ できている

Ⅳ-8

給食の配膳の量に目を配っているか？

　学級担任は，配膳された給食の量にも気を配るべきである。

　たとえば，子どもたちの好物が給食で出た場合に，特定の子どもの配膳の量だけが多いなど，極端な量の違いが見られることがある。逆に，子どもたちが嫌いな給食だったりすると，特定の子どもだけ極端に少なく盛られていたりする場合もある。ここには何らかのわがままを言う子どもを生かそうとする，子ども同士の関係が見え隠れする。もしそのようなことがある場合には，必ずその場で，事の流れを止めて，どうしてそうしたのか，そうなったのかを子どもたちに問いただす必要がある。こうした行為は「いじめ」などに発展しやすいことから，その芽は摘んでおかないといけない。

　ささいなことのようだが，給食の配膳の量は，このように子どものさまざまな心の部分が出てくる部分でもある。学級担任は，だからこそ，給食の配膳の量にも目を配っておく必要がある。またそれと同時に，給食当番には，すべての子どもに一定の量を入れるようにきちんと指導していく必要がある。これは，平等の意識や正義感を育てることにもつながるので，道徳教育の点からも大切な指導場面となる。

　このような些細なことにも目を向け，どこで子どもの信号をキャッチできるか，どこで正しく指導できるかを見きわめられることは，学級担任にとってきわめて重要なことである。

◎給食の配膳の量に目を配る
☐「給食の時間は，道徳の時間」と考える

できている □

Ⅳ-9
給食の「いただきます」の前に苦手な食べ物の量を減らす時間をとっているか？

　昔のようにガツガツと給食を好きなだけおかわりする子どもは，今は少なくなった。また，嫌いな食べ物は食べないという子どもも，今は多い。教師も「全部食べなさい」と言って，教室に残してまで食べさせることは，もう体罰の一つになっていて禁止されている。昔のように「何でも食べるように」とする指導ができなくなっているのが，現実である。

　その意味では，いったん均等に配膳した後で，食べる前に苦手な食べ物の量を減らす時間をとることも，必要なことである。これは，子どもたちへの教育的指導の機会ともなる。自分が食べられない物に箸をつけ，そのまま残して残飯が増えるよりは，それを食べてくれる人により多く食べてもらい残飯を減らしていった方が，社会のため，環境のためにもなることを，そこで教えることができる。嫌いな物を無理して食べすぎたり，ちょっと手をつけて残すよりは，食べられる子どもに食べてもらった方が有効なのである。

　「いただきます」の前に苦手な食べ物の量を減らす時間をとることは，嫌いな物がある子どもにとっては給食の時間が安心できる時間になるとともに，何でも食べられる子どもには腹いっぱいの量が保障され，互いにとってよいかたちになるのである。

　「いただきます」の前に苦手な食べ物の量を減らす時間をとることは，今の子どもたちの実態を考えると理にかなっているといえるだろう。

◎「いただきます」の前に，苦手な食べ物の量を減らす時間をとる

☐ できている

Ⅳ-10 苦手な食べ物の量を減らす場合は「半分まで」などとしているか？

「いただきます」の前に苦手な食べ物の量を減らす時間をとることの意義については、前項で語った。しかし、「ただ嫌いだから減らす」というだけというのも、教育上いかがなものかと思う。

たとえば、教師が何も条件をつけずに「苦手な物は減らしてもいいよ」とだけ伝えれば、子どもはやはりいやな物は、ほとんどすべてに近いほど食缶に戻してしまう。それを繰り返すことで、わがままで自分勝手な食習慣を子どもが身に付けてしまうことにもつながりかねない。

そこで私は、「苦手な食べ物の量を減らす場合は、半分まで」と伝え、食缶のところにいて減らす様子を見ているようにしている。学級担任が立ち、減らす瞬間を見ていることで、子どもたちは自分のわがままに気づいたり、やはり苦手な食べ物でもバランスよく栄養をとるためにはちょっとは食べないといけないと考えたりするようになる。

「半分しか減らせない」というきまりは、我慢することの少ない今の子どもたちにとって、わがままを自制する貴重な機会となる。今の社会は、なんとなく「言った者勝ち」の社会であるようだが、未来を生きる子どもたちには、何でもわがままが通るという価値観より、我慢して得ることもあるということを価値づけたいものである。

○苦手な食べ物の量を減らす場合には「半分まで」と指導する

できている☐

Ⅳ-11 「減らした子どもはおかわりできない」などの正当なルールを作っているか？

　最近の子どもたちは，飽食の時代のせいで「好き嫌い」が顕著である。しかし，食物アレルギーへの配慮や無理に食べさせると体罰になってしまうことなどから，学校では「何でも好き嫌いなく食べなさい」という指導ができにくくなっている。そのため，多くの教師は給食指導にもう力を入れなくなってしまっているが，「給食の時間は，道徳の時間である」と先に私が言ったように，給食の時間は大切な指導の機会である。

　その指導のポイントは，"不条理感をなくすこと"である。つまり，わがままを学級にはびこらせないための指導が，ここでできるのだ。

　たとえば，子どもたちの好きなデザートが数個余ったとしよう。そのような時，あなたは教師としてどうしているだろうか？　デザートを食べたい子すべてを対象に，つまり食べ残しをした子や嫌いな食べ物の量を減らした子どもにも平等に，そのデザートを欲しがる権利を与えているだろうか？　私はしていない。私は，全部食べられて野菜などもおかわりした子にその権利を与えるようにしている。これは，ある種の社会のルールとして教えている。我慢して頑張ったからもらえるものだとすれば，子どももそこで考えて，頑張って嫌いなものをなくしていくように努力する。このことは，子どももけっこう納得するものである。給食を残した子や嫌いな食べ物の量を減らした子にも，好きな物だけはあげるという感覚は，子ども自身も不条理だと考えるものだ。

◎給食の時間に，社会のルールを学ばせよ

☐できている

Ⅳ-12 食事中の子どもたちの会話や様子に注意を払っているか？

　給食中の子どもたちは、態度や表情、会話の仕方など、意外と"素の部分"を見せることが多い。また、給食中の会話の内容を聞いていると、学級担任として聞いておかなければならない多くの情報を含んだ会話をしている。たとえば、昨日の遊びの話や、今流行っている遊びやゲームの話、どんな友達と遊んだかや、家であったこと、親のこと、先生のこと、好きな服や音楽のこと、いやなこと、学校での不条理感や友達の家のこと等々。たくさんの話題がたった20分あまりの時間で話されている。

　私は、必ずその内容に耳を傾けるようにしている。誰がどんな話題を話しているかで、その子の考え方や今の状況、不満の所在などを探ることができる。またそれを聞いている他の子どもたちの出方を見ながら、人間関係なども推察しながら聞くようにしている。

　しかし、ここで気をつけなければならないことは、基本的に子ども同士に会話させることである。教師が聞きたくなって、突然介入したり、ただ黙って聞き耳を立てたりしていてはいけない。子ども自身も警戒する。ただ何気なく、笑顔で聞いていてあげること。静かに受容してやり、「それでどうしたの？」などと聞いていくと、子どもたちは楽しそうに話をしていく。教師は、その話をもとに生活指導や授業づくりに生かしていくのだ。子どもは、教師がわかってくれると安心し、親近感をもつようにもなる。

☐給食中の子ども同士の会話は、聞いていよう

できている ☐

Ⅳ-13
後片づけの最後まで目を配っているか？

　給食が終わり，片づけの際によく目を配っていくと，意外と大切なことがわかる。たとえば，自分の食器を返す時，それぞれの子どもが配膳台にやってくるが，食器を投げ入れる子，箸の向きをいいかげんに入れる子，ゴミがゴミ袋に入っていなくても平気で通りすぎていく子など，その子その子の性格や，子どもそれぞれの"素の部分"が見えてくる。なかには，他の子どもが雑然とした返し方をした跡をしっかりと直している子どももいる。その子どもは，本当に気の優しい一生懸命な子であることにも気づく。子どもが食器を返す時に，その返し方を見ていることは，子どもの性格を知るために意外と有効である。

　学級崩壊になりそうな学級の給食かごは，雑然としていることが多い。こうしたところに学級の荒れがすぐに出てくるのである。それだけ教師の配慮がなかったり，子どもが返し方なんていいかげんでもいいという"素の部分"が出てきたりするからである。だから学級担任は，食器の片づけなどのたわいもない作業こそ，注意深く見ていく必要があるのだ。

　給食当番が片づけをする際にも，教師が見ていないと，自分に課せられた仕事であることを自覚せずに逃げようとする子どもや，適当に仕事をする子どもがいたりする。このような状況を見逃すと，教師不信を招いたり，学級での秩序がなくなったりすることにつながる。

　大切なことは，教師も一緒にその場で指導し，よくできたことや進んで行ったことをほめたり，片づけの基本を教えたりすることである。

◎子どもの食器の返し方を見る
○片づけの際には一緒について教えていく，ほめていく

V 「休み時間」に対する危機管理

　「休み時間」の危機管理というと，「えっ，休み時間まで危機管理しないといけないの」「休み時間ぐらい，教師も休ませてよ」などという声が聞こえてきそうである。しかし小学校・中学校の教師は，子どもと共に暮らす「生活者」であるという点から考えると，「休み時間」も教師にとっては仕事の時間となる。

　また昨今は，休み時間で起こったトラブルや事件・事故に対して，保護者がクレームを伝えてくる場合が非常に多くなった。学級担任は1人しかいない。休み時間中の子どもたちをすべて把握することなど無理に決まっている。にもかかわらず，この休み時間の子どもの動きをめぐって，教師の対応を問うてくる保護者も多い。学校の管理責任上，学校内に子どもがいる場合には学校の責任となることは，最近の裁判などの判例を見るまでもなく周知のことである。

　私は，個人的には「学校は子どもにとっての小社会である」という観点から，すべての子どもが，教師という大人の支援を受け，自律的で主体的な生活を身に付けていくところであると考える。その意味では「おかげさま」や「おたがいさま」の考え方が，それを見守る大人にも必要であると思う。しかし現実には，アメリカ的責任を問う大人が多くなってきている現実もある。

だからこそ,教師は学校にいる間,常に危機管理状態でいなければならない。学級担任が学級の子どもをすべて掌握できない「休み時間」であっても,である。ならば,学級担任は,「休み時間」の危機管理のためにどのような点に留意しながら,その時間を過ごせばよいのだろう。考えてみたい。

☐ できている

V-1
休み時間は,できるだけ子どもを見渡せるところにいるか？

　小学校・中学校の教師は,休み時間もきわめて忙しい。委員会・生徒会の仕事などで子どもたちを集めて指導したり,プリントの印刷や次の授業の準備,宿題や学習カードの添削等々,ゆっくりと子どもたちと教室にいられる時間は少ない。

　しかし私は,用事がない時はできるかぎり教室にいて,ノートの添削や宿題のチェックなどをするようにしている。あまりじっくり考えたり自分で発想したりする重要な仕事はできないが,子どもたちともコミュニケーションがとれて,自分のできる仕事を行う時間として,休み時間を位置づけている。

　子ども同士の休み時間のふれあいの様子を見ていると,友達もなく一人で本を読んでいる子,友達同士でなんとなく雰囲気が悪い感じでこそこそ話をしている子たち等々,多くの子どもの姿を見ることができる。なかには,ふざけ合って事故につながりかねない場面になることもある。教師がその場にいれば,事故が起こりそうな場面で事前に注意ができたり,そこに教師がいるというだけで,「いじめ」などの問題発生の抑止力になったりすることもある。教師が常に教室にいるという環境は,子どもたちにとって大きな影響があると,実感している。

　子どもをできるだけ見ていこうとする教師の態度は,子どもにも伝わる。逆に,教師が学級をあまり見ていないという感覚も必ず子どもに伝わるもので,そのことが「いじめ」等の事件や突発的な事故の発生につながる。「休み時間も先生はぼくたちを見ている」という意識をもたせることは,さまざまな事件や事故に対する危機管理でもある。

◎休み時間もできるだけ教室で子どもを見ようとする姿勢が大切

できている ☐

V-2 ふだん静かでほとんど目立たない子に声かけしているか？

　私は休み時間には、ふだん静かでほとんど目立たない子に意識的に声をかけるようにしている。授業中もほとんど手をあげない子や、なんとなく他の子の陰に隠れているような引っ込み思案な子、最近の行動がちょっと心配な子どもなどに声をかける。

　その時の声のかけ方は、だいたい決まっている。「昨日、学校から帰って何してた？」である。月曜日の朝は、「土日、何してた？」である。この声かけをなぜするかというと、三つの理由がある。

① ふだんから目立たない子は、教師のところに来ることも恥ずかしいだろうし、ましてしゃべることには抵抗があるだろう。教師がたくさんしゃべるよりも子どもにしゃべらせることで、教師と話す違和感をできるだけなくすようにするのである。

② 子どもにとって「昨日、何していたか？」は、自分がしていたことを言うだけなので、深く考えたり言い方を迷ったりする必要が少ない。だから、誰に問うても何らかの返答が返ってくることが期待できる。

③ ふだん、目立たない子や心配な子が、どんな生活をしていたかがわかり、その子どもたちの情報を得ることができる。「〇〇さんと遊んでいた」と答えれば、「ああ、〇〇さんと仲がいいのだ」という情報が手に入る。

◎教師として、意図的な休み時間の過ごし方をする
○ふだん目立たない子への声かけをする

☐ できている

V-3 子どもたちの遊びや友達関係を客観的に見ているか？

　休み時間は，子どもたちの遊び方や交友関係がよりよくわかる時間でもある。プロレスのようにじゃれ合う遊び方を好む子，静かに一人で本を読んでいる子など，その子の遊びの志向が見えてくる。また，いつもの3人組でいる子たちや，ちょっと何かがあっていつものメンバーから抜けている子など，その時々の子どもたちの交友関係やその変化を知ることができる。

　教師には，授業力だけでなく，子どもの成長を見る目や子どもの姿をとらえる力が必要である。よい学級経営をしている教師は，必ず「子どもを見る目・とらえる目」がしっかりしている。たとえば，子どもがプロレスごっこをしている姿を見たとする。プロレスごっこの危険性は当然考えるが，それだけでなく，彼らはなぜプロレスごっこを好むのか？　本当にただのプロレスごっこなのか？　ストレスの発散場所がないのでは？　などを複合的に考えて，子どもの成長のためにこのプロレスごっこをそのまま続けさせてよいのかを判断しながら，必要に応じて子どもたちに教師の意図を伝えていかなければならない。

　私は，「子どもを見る目・とらえる目」は，教師として一番大切なものであると考える。それは教師一人一人によって違う，教師としてのセンスとも言える。よい授業は，じつはこの教師一人一人のセンスにかかっているとも考えている。だから，教師は常に客観的に「子どもを見る目・とらえる目」をもち，休み時間もその目から子どもを見続けないといけないのだ。

○休み時間は，客観的に子どもを見る
☐「子どもを見る目」を磨く

できている □

V-4
休み時間に教室で子どもに見られてはいけない作業をしていないか？

　よく休み時間に教室でテストの○付けなどをしている教師を見かける。それはやめておいた方がよい。せめて，最低でも授業時間に子どもに練習問題を解かせている時間にテストの○付けはするべきである。

　休み時間にテストの採点を教師がしていれば，子どもは見たくなり，必ず集まってくる。たくさんの子どもが見ている中で，自分のテストが採点され，テストの点数を他の子どもに告げられたら，その子はどんな感じがするだろう。こうしたことに対するデリカシーをもつことは，教師として必要な資質であるともいえる。教師は，子どもたちの心理を読んでいく必要があり，子どもたちにとって，より効果的な環境でなければならない。

　休み時間には，子どもに見られていけない作業はするべきではない。と同時に，私たち教師は，このように何気なく行ってきたことについても，もう一度「これでいいのか」と一つ一つ再点検していく必要があるだろう。

◎休み時間には子どもたちに見られていけない仕事はしない

V 「休み時間」に対する危機管理

□できている

V-5 休み時間に特定の子どもたちとだけ遊んでいないか？

　小学校では、子どもと教師のふれあう時間をもっとつくろうということで、教師と子どもが遊ぶ時間を推奨している学校も多い。

　ここでひとつ気をつけなければならないのは、教師が特定の子どもたちとばかり遊ぶ機会が多くなっていないかどうかである。教師も人の子であり、教師自身、苦手だと感じるタイプの子どももいる。案外その教師自身、気づいていないことが多いのだが、教師についてくる子とはよく遊ぶが、ちょっと遠巻きに見ている子や、教師の陰口を言っているような子どもたちの中には入ろうとしない教師もいる。

　よく教師は、「先生もドッジボールするから、○○さんもたまには外で一緒にやろうよ」などと声をかける。しかしこれは、「その子と遊んだ」ことにはならないのだ。いつも教室から出てこないその子が、教室にいて何を見て、何に笑い、何を楽しんでいるのかを知ることこそが、教師としてその子の遊びに加わることである。いつもみんなを巻き込んで頑張ろうとする教師がいる。その教師と同調できる子どもたちにとってはすばらしく楽しい先生かもしれないが、遠巻きに見ている子どもにとっては、もしかしたら迷惑なことかもしれない。

　学級担任は、その子その子の見ている方向をつかむために、常に休み時間は、その子の場所で遊ぶ。子ども一人一人の目線を見つけ、その子たちの思考に寄り添うことを大切にしていくことが、なにより大切なことである。

◎教師が遊びに加わることは、子どもたちの目線に気づくため
□さまざまな楽しみ方を受容し、見ていくことができる教師に！

Ⅵ 「けがの防止」に対する危機管理

　保護者から学校へのクレームの多くは，子どものけががらみの内容である。「どうしてうちの子にけがをさせたのか」「土日にサッカーの大会があるのに，どうしてくれるのか」「けがの後の先生の対応が悪い」……。加害者があるけがになると，事はもっとやっかいになる。「相手の親にも伝えたのか」「学校では，相手にどのような指導をしたのか」「相手の親の謝り方が気にくわない」など，こうした苦情は日常茶飯事である。

　教師もこのようなクレームへの対応に時間や心を割かれると，気力が減退し，ふだんの学級の子どもたちへの対応も雑になってしまいがちなのが正直なところである。学級担任は，学校で起こるさまざまな突発的事故の後処理についても，最前線で行わなければならない。今は保護者の学校への風当たりが強いこともあって，自分の本音よりも建て前だけで対応せざるをえないようなことも多い。

　昔のように，「男の子ならけんかをしても，ちょっとぐらいけがをしても大丈夫！」などという言葉は，言えなくなってきている。その意味では，学校での活動も，できるだけ事故のないかたち，安全なかたち，こぢんまりしたかたちの活動になってきているというのが現実である。

　一方で，学習の仕方からご飯の食べ方，日常の正しい行い，友達関係のつくり方など，きわめて多くのことを指導することが求められている今の

時代の学級担任に、すべての子どもの行動を見ることは物理的に不可能なのも現実である。しかし今はまず目の前の子どもたちが、けがをせずに健やかに学校生活を送っていけるために、学級担任が心がけないといけないことを伝えていかなければならない。

「けがの防止」についての危機管理意識は、社会の風潮を考えると、今の教師として常に意識していないといけない、大きな課題である。

できている □

Ⅵ-1 けがを起こさないための教室環境づくりが最大限できているか？

　けがを起こさないための環境づくりは、とても重要である。ここでは、けがをできるだけ起こさない教室環境づくりについて考えてみる。

①**教室内の整理が行き届いている**……子どもが机の横に雑然と多くの物をかけている学級などをみると、「この学級の先生、配慮が足りないな」と思う。逆に、ロッカーの中の鍵盤ハーモニカの位置がすべて同じ向きに並んでいたり、学級文庫の本が同じ向きにそろえられていたりすると、この学級の担任は、ここまで目を配らせているのだということがわかる。このことは、子どもに何がどこにあるかを常にインプットさせる意味でも大切である。

②**あまり空きスペースをつくらない**……空きスペースが多いと、子どもたちはそこで運動系の遊びを繰り広げる。だから、そのような空きスペースをつくらないことは、意外と重要である。学級が少人数の場合は空きスペースも大きくなるが、その場合は、空きスペースを別のかたちで活用するとよい。たとえば、学級文庫のまわりを「読書の広場」として活用していくようにする。

③**子どもの動線上に物を置かない**……床面はできるだけ見えるようにしておく。業者などの段ボール箱が次々と来る場合、積み重ねたり入り口付近に置いたりすることがよくある。できるだけ早めに取り去ることが大切である。段ボール箱などが積み重なっていると、子どもが走り回っているうちにつまずいたり、そこに隠れる遊びが始まったりして、危険が増大する。

◎教室は整然と整理整頓する
○空きスペースはあまり広くとらない

Ⅵ 「けがの防止」に対する危機管理

☐ できている

Ⅵ-2 各教科の学習での危険な活動を理解しているか？

　学校も生活の場であり，いつ何が起こるかはわからない。だからこそ，私たち教師は子どもを事故から守るためにも，できるだけ事前に事故防止策を考えて，授業に臨まなければならない。そこで，各教科における事故の危険度を認識しておく必要があるのだ。

　危険度が高い教科は，やはり体育であろう。陸上運動での転倒事故，器械運動での首や手の事故，水泳での事故など。いずれも最悪の場合，命にかかわる危険があることを認識し，事故防止のための教職員間の共通理解を行った上で授業に臨まなければならない。

　理科も火を使ったり，薬品を使ったりする観点から考えると，危険度は高い。特に実験をする場合，その際の手順や危険が想定されそうな子どもの動きは，注意事項として事前に確認しておくべきだ。手順を伝えていく際に子どもにその危険性を伝えたり，手順などを工夫したりして，安全にできるようにしていく必要がある。

　また，図工での彫刻刀やのこぎり，家庭科の裁縫の際など，注意しなければならない点は多い。今の子どもたちがふだん扱ったことがない物が多いことにも注意が必要だ。彫刻刀などは，昔は子ども各自が管理していたが，今は教師が一括で管理している場合も多い。

　その他，生活科や総合的な学習の時間，社会科などの校外学習においても，その危険性はさまざまにある。子どもたちの動き方を事前に予想し，その動きの中で危険度の高いところを意識して，危険をつぶしていくことは，教師の重要な任務の一つである。

◎各教科の活動の危険度を考えに入れておく
☐子どもたちの行動を予想し，危険を事前につぶしていく

できている □

Ⅵ-3 理科の実験では，実験中に教科書などをしまわせているか？

　前項で，子どもの動きを予想して，事前にその危険を取り去るようにするという原則論について語った。しかし大切なことは，その具体である。「理科の実験では，実験中に教科書などを机の下にしまわせる」ことは，その具体の一つである。このようなことが大切であり，子どもにわかりやすく具体的な行動で見えるようにしてあげるとよりよい。

　また，なぜその行為が必要なのかも，よりわかりやすく子どもに語ってあげるとよい。子どもは自分で行っていくことについては，未知の面が多く，自分では想定できない場面も多い。その意味で，教師が伝えていくことは，大切な情報となる。子どもがその行為を納得することで，より安全な活動が展開できる。また，この機会に危険に対する認識を深める場として，子どもに考えさせることも重要である。

　また，子どもの危険度を考えていくためにも，教師が事前にしておかなければならないことは教材研究である。準備不足や経験不足は，やはり危険を増す。また，それと正反対に「慣れ」もまた，危険を増していく。慣れることで「いつもやっているので当たり前にできる」という意識が生まれ，子どもたちの気持ちや仕草を想定しないでしまう恐れもある。いずれにしても，気をゆるめずに危険を感知していく能力は，今の教師に必須のものとして求められる。

◎教材研究で，事前に危険を察知しよう
◎他の教師に聞くことで，良案が出ることが多い
○危険を避ける具体をもとう

□できている

Ⅵ-4
体育では，子どもたちに守らないといけないことを事前に伝えているか？

　体育の授業で，その運動に入る前に，しっかりと子どもたちに守らせないといけないことを伝えることは，大変重要なことである。伝えないでいて，事故が起こってしまった場合，学級担任の落ち度とされても仕方がない。

　たとえば，跳び箱運動では，跳び終わった子がマットや跳び箱を直し，次の人に手をあげて「ハイ！」と言ったら，次の人は「ハイ！」と言って跳び箱を跳ぶ助走に入ること。これなどは，子ども同士の追突事故や器具の整備不足による事故を防ぐためである。また，水泳の授業を始める前は，必ず学年の子どもたち全員を体育館に集めて，「命の大切さ」とこの授業は命を落とす可能性がある授業であることを告げる。そして，そうならないための諸注意を子どもたちに伝える。

　子どもにその運動に入る前の注意事項を事前に指導することは，じつは二つの意味がある。

　一つめは，注意事項を伝えることで，本当に子どもたちに注意を促し，緊張感を高めることである。

　二つめは，万が一事故が起こってしまった時のことである。子どもに伝えておかなければならないことを伝えていたかどうかを問われた時のためである。事前に注意していれば事故を回避できたかもしれないのに教師が伝えず，結果として事故が起こったのならば，教師側の落ち度は大変大きいものになる。事前に伝えることは，教師自身の危機管理上も大変重要なことである。

◎危険を回避するための注意事項は，事前に子どもに理解させる

できている☐

Ⅵ-5 体育では、準備運動を必ずしているか？

　体育の授業では、必ず準備運動の時間をセットしておかなければならない。

　私は子どもたちに、体育の時間が始まると自分たちで走って、準備運動をするようにしつけている。またそれに加え、授業の主運動で使う部分をより入念にウォーミングアップする時間を取っている。たとえばハードル走なら、足首やふくらはぎ、膝などを入念にもう一度準備運動させるようにしている。ジャンプなども行い、より強い刺激に慣れさせるようにもしている。

　じつは、上記のことは、体育に限らず、各教科の授業にも当てはまる。家庭科であれば、「小物作り」（5年）の授業に入るならば、これまでの履修内容をもう一度復習したりもするだろう。そのことが、準備運動なのである。この準備運動は、危機回避意識の高揚という意味でも効果がある。「どうしよう！」とパニックになる前に、事前に動きやすくなっているので、ある程度の事態に対応できるようになっていくのだ。この状態をしっかりとつくり上げることから学習を進めていくと、子どもたちも事故やけがなく学べる授業につながるのだ。

　体育などの授業中に事故が起こったりけがをする子が出たりして、そのことでトラブルになった場合、ウォーミングアップをせずに本運動に入ったとなると、教師の責任は厳しく問われることになる。「当たり前のこと」などとあなどらず、しっかりと意識的に行っていく必要がある。

◎体育の時間は、必ず準備運動を
○よりよく使う部分のウォーミングアップも忘れずに

Ⅵ 「けがの防止」に対する危機管理

☐ できている

Ⅵ-6 子どもたちの遊びで危険につながるものを察知しているか？

　子どもは遊びをつくり出す天才だ。その辺にあるものからでもすぐに遊びを考える。しかし，なかには危険と隣り合わせの遊びを考えることも少なくない。学級担任は，教室での子どもたちの遊びの嗜好や流行を見守りながら，子どもの危険につながるものは，できるだけ早い段階でやめさせるようにしなければならない。これが学級の中で流行し，学級担任もいったん認めてしまうと，今度禁止するのは事故やけが人が出てからということになってしまう。流行している遊びを，学級担任がいったんは認め，その後に禁止することは，子どもたちの信用を落とすことにもつながる。

　男子の数人がその辺にある輪ゴムで，鉄砲のように，通る人を撃って遊んでいた，また，教室にある画鋲入れから画鋲を出して，はじめはコマのように回していたが，途中から画鋲を壁に投げて突き刺さることを楽しんでいた等々，あげればキリがないが，このような状況は学級ではよく起こる。

　この場合，大切なことは，ただやめさせるだけでなく，代案の遊び，危なくない遊びを提案してあげることも，学級担任として大切かもしれない。えてして，子どもは自分でしたいことがなくなると，ちょっと刺激的なものを求める傾向がある。危なくなくて盛り上がれる遊び方を提案できることも，学級担任の危機管理上，重要な事柄である。

◎危険な遊びを早めに察知する
○危険でなく，子どもが楽しめる遊びを提案する

できている □

Ⅵ-7 学校の「けが対応マニュアル」があるか? それを読んでいるか?

　あなたの学校には子どもの「けが対応マニュアル」はあるか? 今の時代,このような子どもの「けが対応マニュアル」は,どの学校にも必要なはずである。まだ作っていない場合は早急に作るべきである。
　「けが対応マニュアル」とは,どういうものか。それは,子どもが学校でけがをした場合の教職員の対応が書かれたものである。たとえば,「首から上のけがの場合は,すぐに保護者へ連絡する」「子どものけがや病気などで,養護教諭が対処できない場合には,すぐに救急車を呼ぶ」などが具体的に書かれた,教職員の共通理解を図るためのマニュアルである。学校によっては,より細かく書かれているところもある。
　なぜ,このような「けが対応マニュアル」が必要なのか。今の時代,けがの対応についても,学級担任の判断ではなく,学校としての一貫した対応が求められる。ある教師はけがのことを連絡帳に書き,またある教師は電話連絡し,またある教師は何も言わないなど,学校としての対応に違いが生じたことからトラブルに発展することなど,いくらでもある。わが子のどんなけがでも保護者は心配する。なかには異常に心配してしまう人もいる。こんな時に一貫した姿勢で対応したかどうかが学級担任としての危機管理上,問われる。またマニュアルがあることで,各学級担任も迷わず対応できる。
　「けが対応マニュアル」は,学校という組織を考える意味でも,学級担任のミスを減らすためにも,保護者とのささいなトラブルを軽減するためにも,作成しておくべきである。

◎学校としての「けが対応マニュアル」を作る

☐ できている

Ⅵ-8 けがの発生やその後の対応について、管理職に報告・相談しているか？

　前項でも述べたように、今はけがなどの対応について、学級担任が単独で判断し、処理する時代ではない。学校が組織として、どういう方針でけがについて学級担任に対応してもらうかを、管理職をはじめ、学年主任などでしっかりとしたコンセンサスをとっていかなければならない時代である。要するに、「学校という組織の構成員である学級担任は、学校という立場を背負って校務に当たる」、これが今の時代の学校がとるべき、最善の方向性である。昔のように、聖職と呼ばれた教師が、すべて自分の判断で何をやっても、「先生が言ったことだから」と子どもに言い聞かせる保護者などはもう数少ない。

　だから、けがや事故が起こったら、まず管理職に報告する。その後、相談・指示を待つということが必要である。特に、医師の診断を仰いだ方がよいと養護教諭に指示されたような場合には、必ずその事故の経緯とその子どもの性格などを管理職に伝えるべきである。その上で学級担任は管理職からの指示を受け、保護者への連絡や事故報告書作りを行うのがよい。

　また、事故に加害者があるような場合には、より慎重に判断し、その後の処理をしなければならない。加害者がある場合は、その加害者の様子や性格なども管理職に伝えることが必須である。

　最近は、けがの内容よりも保護者との対応でトラブルになることも多い。だから、できるだけ詳しく管理職と今後の対策を協議するとよいであろう。

◎医師の診断が必要な場合は必ず管理職に報告する
◎加害者がある場合、その情報も伝える

できている ☐

Ⅵ-9 けがについては，必ず保護者に事故の経緯を知らせているか？

　学校の管理下での子どもたちのけがについては，必ず何らかのかたちで保護者へ，その事故の経緯を知らせることが重要である。子どもがけがをして，保健室で手当をしてもらっているのに，学級担任や部活動の担当教師などから何の連絡もない場合，保護者の学校への，また担任・担当教師への不信感は募っていく。「こんな小さなことで」と学級担任が考えてしまうことは，今の時代，危険である。

　保護者の側であれば，学級担任がけがの経緯などをきちんと知らせることにより，「うちの担任の先生は，こんな小さなことでも保護者に連絡してくれる。ありがたいことだ」と感謝の気持ちと信頼の気持ちが生まれてくるものである。これが大切なのだ。学級担任は，まずけがの経緯を連絡帳や電話などで知らせることが必要である。

　けがの発生時に教師がいなかった場合は，けがをした子どもから経緯を聞くとともに，その後の処置を養護教諭から聞き，経緯とその後の処理について，しっかりと保護者に伝えていく必要がある。また緊急の場合には，すぐに連絡をし，その後の処理や対応については，後で必ず連絡する旨を伝え，まず子どものけがの治療に専念していくことを保護者にしっかりと伝えることが大切である。

　このように学級担任が誠意をもった対応を心がけることで，多くの場合，保護者も納得をしてくれる。「誠意」を怠ることで，学級担任が窮地に追いやられることが，昨今増えている。どんな小さいことでも「誠意」を見せる学級担任の姿は，危機管理上も重要なことである。

◎最低でも，保健室で処置してもらったけがは保護者へ連絡する

□できている

Ⅵ-10
けんかなどの加害者がいるけがについては，必ず管理職に報告・相談し，指示を受けているか？

　加害者がいる事故やけがの後処理は，意外と難しい。被害者の子どもの保護者の感情や加害者の子どもの保護者の立場があるので，こじれると大変である。その意味でも，加害者がいる場合のけがについては，必ず管理職に報告・相談し，詳しく指示を仰ぐことが肝心である。

　保護者の中には，わが子のけがの原因が他の子どものしたことによるものであったり，学校の管理下であったりすると，矛先を学校や相手の子どもとその保護者に向ける場合も少なくない。偶発的な事故であれば，「申し訳ありませんでした」という謝罪がまだ効くが，故意にその子どもを殴ってけがをさせた場合や，友達同士で遊び半分でやっていて事故になったような場合は，大変である。

　けがの報告と同時に今後の対応についても，確実に管理職と相談・協議し，一定の結論が出た段階で，落ち着いて後処理にかかることが大切となる。

　後処理をしている最中でも，被害者の保護者が加害者側の謝罪を求めてきたり，学校側の見解を要求してきたりするなど，刻々と事態が変わることはよくある。そのつど，管理職に細かく伝え，一緒になって協議を行っていくことが重要になる。その中で，学級担任は，被害者・加害者を問わず，子どものことをまず一番に思うことが，なにより大切である。

◎加害者のあるけがや事故については，慎重に取り扱う
◎「子どものことをまず第一に考える」ことを，絶対に忘れない

できている □

Ⅵ-11 加害者があるけがについては, 加害者の保護者にも連絡しているか？

　加害者のあるけがへの対応において, 一番の悩みは, 加害者の子どもの家庭にも連絡をするかどうかということである。

　最近の傾向としては, 加害者の子どもが故意に被害を与え, 被害者の子どもが医師に診てもらうような事態になった場合は, 加害者の保護者にも連絡することが多い。これは, 生徒指導上, 加害者の保護者にも伝える義務が学校にあると判断されるからである。また, 学校側が加害者の保護者に何も連絡しなかったことで, 後になって加害者の保護者からクレームを言われることのないようにするためでもある。

　この場合, 大切なことは三つある。

①けがをした状況について, 証言などから多面的に事実確認をする
②必ず細かに事実を管理職に報告し, 具体的な連絡方法・内容を確認する
③加害者の子どもの保護者には, 事実だけを報告する

　①については, とても重要である。事実への認識が関係者個々によって異なると, 事はいっそうこじれることにつながる。事態がこじれると, 子どもの心を傷つけることにもなりかねない。また, 教師への信頼もなくなってしまう可能性もある。

　②についても, 十分協議・検討した上で, 言うべきこと, 言ってはいけないことを必ずメモをとり, 確認し, 見えてこない部分や納得いかないところは必ず管理職と確認する必要がある。

　③については, 次項で詳しく述べたい。

◎加害者の保護者への連絡は, 十分慎重に行うこと

Ⅵ 「けがの防止」に対する危機管理

☐ できている

Ⅵ-12 加害者の保護者へは、事実のみを報告しているか？

前項で③としてあげた「加害者の子どもの保護者へは、事実のみを報告する」ことについては、あえて項目を起こして述べてみたい。

けがをさせた加害者の子どもの保護者への連絡は、事実のみにした方がよい。あえて加えるとすれば、今後の学校側の対応について述べてもよいが、とてもデリケートなことなので、細かなところはケースバイケースで判断するべきであろう。

ではなぜ、加害者の保護者には「事実のみ」を連絡するのが肝要なのか。

たとえば、伝えられた保護者が「それは謝りにいけ、ということですか？」と聞き返してくる場合もある。また、教師が感情を見せることで、保護者との価値観が違った場合にそこでトラブルに発展する恐れもある。また、逆に被害者の保護者から「加害者の保護者には伝えたのか」「これだけのことをしておいて、何もないというのはどういうことだ」という訴えが寄せられることもある。

こうしたことを考えると、加害者の保護者には、事実を伝えることで学校側の姿勢を示し、その後の保護者の対応は保護者自身にゆだねることが一番無難である。

学校は、子どもにとっての「世間」である。さまざまな状況が起こる。教師はその舵取り役である。よりよい大人になって将来、社会の一員として立派に働くことができるために、子どもを育てるのである。その視点から考えて、学校側が社会の常識の中で対応する姿勢は、常に持ち続けないといけない。そのことを将来を生きる子どもが見ているのだから。

◎加害者の保護者には、事実を連絡すること

できている ☐

Ⅵ-13 加害者の子どもの保護者への対応も丁寧に行っているか？

　学校管理下の事故や加害者・被害者があるけがの発生があった場合は，教師として胸の痛い思いがある。その思いは，加害者の保護者が事実を聞いた時にも，同じであろう。いやもっと辛いであろう。その辛さをこらえて，被害者宅へ謝罪にいく保護者もいる。辛さを誰かに転嫁したくて，学校の責任だけを追及する保護者もいる。いずれにしても保護者は辛いのだ。

　学級担任は，それをわかった上で丁寧に対応しなければならない。「事実を伝えるだけ」と前項では言ったが，ただ冷たく事実だけを伝えればいいのではなく，子どものその時の思いやその後の気持ち，保護者の立場やその辛さなどを感じながら，伝えていく必要がある。具体的にそれをどのようにやればいいのかについては今，簡単に言えないが，丁寧な言葉づかいや柔らかな話し方，学校側も気をつかっていることをうかがわせるような話し方が大切である。

　共感できるところは共感し，管理職と話し合った中で学校側の落ち度を認めてよいところは，素直に謝罪する。ここでも，「誠意」のある教師でなければならない。この場合，一番大切なのは，日ごろからの子どもへの接し方である。子どもはこの先生はぼくの味方だと思っていたら，必ず家でもその方向で話をしている。そうすれば，保護者もこの先生はうちの子をちゃんと見ていてくれると思っているのだ。こういう状況になると，そのふだんの接し方が一番問われてくるのである。

○保護者には丁寧な話し方，誠意の伝わる話し方を心がける
☐日ごろから，子どもと丁寧に接するように心がける

☐できている

Ⅵ-14 加害・被害の子ども同士が、謝罪するなどの話し合いの場を慎重に行っているか？

　学校管理下で起こった事故で加害者・被害者がある場合は、子ども同士で謝罪する場を必ずつくる。こんなことは、当たり前のことであり、昔から行われてきたことでもある。しかし今なぜ、ここでこの話題を取り上げるかということが大事なのである。

　今は、この場についても保護者が入ってくるケースが見られる。なかには、けんかをしていて、先に手を出したのが被害者で、先に手を出したことを教師が謝らせたのに、「うちの子が謝らされていたけど、うちの子は被害者なのに、なんで謝らないといけないのか」と言ってきたり、加害者の子どもが家に帰って、「先生に、『〇〇なことを謝れ！』と言われたそうだが、そのような言われ方をしなくてもいいのに」と言ってきたりする場合もある。

　昔なら、教師が「けんか両成敗」の精神で、お互いの悪かったところを指摘して終わったものも、今は慎重に場づくりをしないといけない時代になってしまった。今の時代、「けんか両成敗」で済むほど簡単ではないのだ。

　被害者と加害者の話し合いや謝罪の場を仲介する際は、慎重に、かつ子どもたちが納得いくようにしておかないといけない。そのために、教師はなるべく冷静に、子どもそれぞれの介添人のような動きをするにとどめ、むやみと感情を表に出したり価値観を出しすぎたりしない方がよい。その話し合いで変に教師が怒っていると、今は保護者が出てくるケースも多いのだ。

○子ども同士の謝罪の場は、慎重に取り扱うことが原則
○謝罪の場では、教師の価値観を出しすぎてはいけない

できている ☐

Ⅵ-15
他人を傷つける行為を未然に防止するための子どもへの働きかけはしているか？

　他人を傷つける行為が起こった場合の後処理は，大変難しいものとなる。また加害者・被害者双方の立場や心情を思いやりながらの対応となるので，本当に神経を使う仕事になる。だからこそ，他人を傷つける行為を未然に防止することが重要になる。昨今の教室には，すぐにカッとくる子どもや自己中心的な子ども，特別支援を要する子どもも多くなってきた。そのような子どもたちが落ち着いて生活する学級をつくるために，私は，次のことを心がけている。

○休み時間などに，子どもの体同士の接触をあまりやらせない
　（互いの体に痛みを感じるような密着した遊びなど）
○日ごろから，人の話を聞ける学級にする
○できるだけ，学級に物を置かない
○カッとして他の子どもを傷つけそうな子どもには，世間話や冗談など，進んで声をかけるようにする
○授業で子どもを生かすようにする
○ふだんからあまり怒らず，ゆったりした，それでいて，けじめをもった姿勢で子どもに対応する

　雰囲気で子どもは変わる。やさしく，それでいてけじめのある雰囲気，子どもにとって興味深い話題のある雰囲気がつくられている学級では，子どもたちは自然と落ち着きのある生活を送るようになり，けがもあまりしなくなるものである。

◎やさしく，けじめのある雰囲気をつくる
◎子どもが興味をもって取り組める雰囲気をつくる

☐できている

Ⅵ-16 ささいなことが大きな事故につながることを子どもに語っているか？

　子どもたちにはまだ，危険度を認知する力や安全性を考えて行動する力が身に付いていない場合も多い。そのため，ある行動がどのような危険を呼び寄せるかなどを考えずにいることも多い。

　また最近では，子どもたちの生活経験が一段と乏しくなってきたこともあり，危険に関する予知能力が下がってきているように思える。たとえば，「包丁を持ったことがない」「近くに仲間がいても傘を振り回す」「自分の力の加減ができない」等々，あげればキリがない。

　学校には，ささいなことが大きな事故につながってきた事例が数多くある。たとえば，カーテンを閉めていたために窓が開いていることに気がつかなかったことによる転落事故や，サッカーゴールや野球用ネットの転倒事故，まわりにつられてやってしまった遊びで友達が命を落とす事件など，なんとなく過ごしている学校にも意外な危険につながることがあることを，常に子どもたちには伝えていかないといけない。

　私は，このようにちょっとしたことが大きな事故につながることについて，子どもによく伝えている。最近は，子どもが学校内で起こしてしまった事故などが弁償や訴訟問題に発展することも多い。だからよりいっそう子どもへの予防的な働きかけが必要なのだ。

○ささいなことが大きな事故につながることを子どもに伝えていく

できている □

Ⅵ-17 教室で走り回っている子どもを注意しているか？

　教室で子どもが走り回っているのを見て、「当たり前だ。子どもなんだから、走り回るぐらいいいじゃないか」と思うのは、素人の考えである。教室を走り回っている子どもがいたら、学級担任なら次のことを考えなければいけない。

　走り回ってじゃれ合い、ふざけ合っている子どもは、「本当に遊べるもの」に没頭できていないのではないか、ということである。と同時に、学級でもそういう子どもが他にもいるのではないかを考えるべきである。それは、走り回っている子どもたちではなく、学級全体が、没頭できる遊びを見つけていないことにつながる。またそれは、他のところでも、たわいもないことをしていることも予想できる。子どもの事故は、そのような時に起こる。学級担任は、「教室を走り回っている子ども」の姿から、学級の子どもたちが遊びや学習などの学校生活に没頭できていないかもしれないと気づかなければならないのだ。

　そんな時ほど、学級の子どもがどんなことをしているか巡視するチャンスである。子どもたちのさまざまな性格や本当の姿が見えてくるはずである。「教室で走り回っている子ども」を見かけたら、注意するだけでなく、学級の子どもの遊びの姿を見て回ることが重要である。

◎子どもが学校生活に没頭できているかどうかを見きわめる
◎子どもたちの様子を巡視し、子どもたちの性格や本当の姿を見る

Ⅵ 「けがの防止」に対する危機管理

☐ できている

Ⅵ-18
帰りの会で，下校途中にしてはいけないことを確認しているか？

 下校時にけがや事故，友達同士のトラブルなどが起きることは多い。またそのことが，学校として問題になることも最近増えてきた。登下校時は学校の管理下であり，保護者にとっては下校時の子ども同士のトラブルは，学校が解決するべきであるとする風潮は，今の時代，当たり前になってきた。保護者同士もコミュニケーションがとれていないため，学校に任せることをよくしてくる。そうすると，解決は常に学級担任の仕事となる。

 私は，下校時の事故やトラブルなどを防ぐために必ずしていることがある。それは，下校前の帰りの会で，帰宅途中にしてはいけないことを，子どもに毎日，伝えているのである。それも，より具体的に伝えている。例をあげると，次のようである。

・寄り道をしたり，別の道で帰ったりしない
・帰り道で，友達をからかったり，暴言を言ったりしない
・帰り道で，何もしていない友達にいたずらをしない
・帰り道で，むやみに石を蹴ったり投げたりしない
・帰り道で，傘で遊んだりしない

 帰りの会では，子どもを落ち着かせてから，これらのことを必ず言い聞かせるようにしている。その地域によってその内容は多少異なるとは思うが，こうしたことは必ず伝えるようにするとよい。

◎帰りの会では，下校時の注意を必ず毎日伝えるようにしよう

できている □

Ⅵ-19
落ち着いた雰囲気で下校させているか？

　下校前は，子どもたちも授業が終わった解放感に満ちあふれ，「家に帰ったらすぐ遊びに出よう」「○○ちゃんと一緒に帰ろう」などウキウキした気分で，少し興奮している。その興奮を引きずらせたまま下校させると，だいたい翌日に，「先生，△△ちゃんが私の傘を壊した」などと下校時のトラブルを訴えてくる子が出てくるものである。家についた頃に保護者からの電話で，「□□さんがうちの子のことをいじめたようで，泣いて帰ってきました」などの苦情が寄せられることもある。

　下校中は，学校管理下である。したがって，下校時に事故やトラブルのないように指導して帰宅させることも，学級担任の危機管理上，重要なことである。

　私は常に，帰りの会を，子どもたちが静かに気持ちを落ち着かせ，人の話を聞ける状態にしてから始めるようにしている。そして，帰りの会の最後の挨拶の前に，次のように言うようにしている。

　「人に迷惑をかけたり，ふざけたりしないで下校できる人は，立ちましょう」

　私が毎日言っていることなので，子どもたちももうわかっている。なかには，「ぼくは，まだふざけそうなので，ちょっと待ちます」などと言う子も出てくる。気持ちを落ち着かせて，自分が他の子どもに迷惑をかけないようにすることをもう一度，意識させるのである。学級担任がついていけない以上は，子ども自身に意識をもたせることが，なにより大切なことである。

○話を静かに聞けるように落ち着くまで，帰りの会を始めない

VII 「事務処理」に対する危機管理

　「事務処理」がもとでトラブルになることは，意外と多い。たとえば，通知表や子どもの成績，徴収金などの取り扱いは，一歩間違うと，懲戒処分の対象になる。それこそ，学級担任の危機管理そのものである。

　昔の何事も手書きで処理していた時代と違って，コンピュータ時代である今の時代は，かえって神経をつかって事務処理に携わらなければならない。「便利になった」と人は言うが，その分だけ，ちょっとしたことから大事に発展する時代でもある。だからこそ，緊張感をもって事務処理に当たらなければならない。

　また最近は，統計やアンケートなどの手法で学校公開をしていく傾向になったこともあり，年に何度も学級担任がアンケートの集計作業をしなければならないなど，教師に求められる事務処理の量が本当に増えた。そのほかにも，「学級だより」づくりや成績処理，校務分掌の仕事など，事務処理の仕事は多い。それらの多くは待ったなしにやっくくる上に，間違いや失敗が許されないものでもある。その意味でも，学級担任の行う事務処理の仕事は簡単ではない。

　本章では，学級担任の事務処理にかかわり，危機管理上，意識しておかなければならない事柄を，できるだけわかりやすくまとめた。

できている □

Ⅶ-1 校務分掌で自分の担当する仕事内容を理解しているか？

　年度はじめに、管理職から自分の担当する校務分掌が提示される。自分が担当すべき分掌にどんな具体的な仕事があるのかは、年度当初に確認しておきたい。特に自分がその仕事の「長」である場合は、必ず確認しておく必要がある。年度はじめの「引き継ぎ会議」や前年度のその分掌の「綴り」などを参考に、今年一年の大まかな流れを考える必要がある。これを年度はじめに理解していないと、学校の運営上、大きな失敗にもつながりかねない。

　私は、自分が初めて受け持った校務分掌の綴りを見る時に、必ずすることがある。それは、その綴りに綴られた文書の右上の「平成○年○月○日」の部分を紙に書いておくことだ。

　学校の一年は、大きくはそれほど変わらない。だから前年度出された文書は、今年度もその時期をめどに起案したり、提出したりしないといけない。だからその「右上の日付」をめどに仕事を進めるようにしていくと、だいたい間違いない。

　校務分掌上の仕事は、年齢とともに難しい責任のある仕事を任せられることが多い。若いうちから多くの仕事を積極的に見聞きし、先輩の仕事ぶりをしっかりと確認しておく必要がある。

◎年度当初に自分の校務分掌上の仕事を確認する
○校務分掌の前年度の綴りの「右上の日付」をメモしておく

☐ できている

Ⅶ-2 校務分掌の自分の担当する仕事を相談しながらしているか？

「教師の仕事は,『ほうれんそう』が肝心！」とよく言われる。これは,「報告」「連絡」「相談」が必要であることをわかりやすく表現した言葉である。

今の時代,学級担任に教師としての力があって,個人的に優れた授業力をもっていたとしても,それだけでは学級崩壊してしまうこともある。今は,学級担任個人が,学級王国をつくっていた時代のような学級づくりをしていてはダメな時代である。学年や学校の教師が,互いに「報告」「連絡」「相談」の関係を密に行っていかなければほころびが出てくる時代である。つまり,学校教育は,組織で行う時代になってきたのである。

保護者は,授業のことだけでなく,休み時間のこと,給食や下校時のことまで,学校にクレームをつけてくることも少なくない。また「学年のあの先生はこうしているのに,うちの先生は,こうしてくれない」などの話がすぐにでも飛び交う時代になった。それらは,学級担任一人で解決できる問題ではない。「学校側の考え方」や「学校全体での指導方針の統一」なども必要になってくる。だからこそ,「報告」「連絡」「相談」が重要になってくるのである。

もう教師は,自分一人で学級王国をつくったり,自分の教育観だけで行事などを企画したりできる時代ではなくなった。常に保護者の目や子どもたちへの正当な対応などを意識した企画が必要になるのだ。その意味でも,自分の仕事を常に適切な同僚に相談しながらつくっていくことが肝要である。

○自分の仕事の企画は,「つくる前に必ず相談」が肝心

できている　□

Ⅶ-3
校務の仕事でわからないことを聞ける関係はあるか？

　小・中学校の教師は，基本的に社交性が高く，明るい人が多い。またそれでないと務まらない。校務でわからないことを聞けば，だいたい教えてくれることが多いだろう。しかしなかには，最後まで丁寧に教えてくれなかったり，綴りだけを渡されたりするケースもある。また学校の仕事には，紙に書かれた事柄だけではわからないものも存在する。その込み入った作業の難しさや手間のかかり方などを，具体的に丁寧に教えてもらうことも重要である。たとえば，「運動会のテント張り」の仕事などは，骨組みの組み立て，幌の設置，くい打ちと支柱との接続など，その仕事によって，相当難しいものや負担になるものもある。それらの目に見えない，やった人でしかわからない仕事の様子なども詳しく聞ける人間関係をもっていないと，校務の仕事はなかなかできないことが多い。

　また校務の仕事で，わからないことを聞き合える人間関係をもつ重要性は，もう一つある。それは，教師同士の「組み合わせ」である。「この教師とあの教師で，本当にこの仕事ができるか」「この教師同士は仲が悪く，仕事にならないだろう」などのことである。このことは，一見，たいしたことでないようであるが，じつは大変重要で，配慮がいる部分でもある。ただ大切なことは，「自分は子どもの教育活動をよくしたい」という思いを持ち続けて，校務の仕事をすることである。その思いはきっと他の職員にも伝わり，思いを受け止めてくれる同僚が必ず出てくるはずである。

◎仕事内容の見えない部分を知ろうとすること
○同僚の人間関係を知っていくこと

☐ できている

Ⅶ-4
校務分掌の仕事を授業中にしてはいないか？

　授業中や子どもの作業中などに，もしくは子どもを自習させて，校務分掌の仕事などはしていないか。それは絶対やめるべきである。なぜ，やめるべきかについて，二つの理由がある。

　一つめの理由は，子どもが見ているからである。子どもは必ず家に帰って言うだろう。「先生，授業中にパソコンしていたよ」などと。教師は授業中，全力で授業に向かっているのが当たり前である，と保護者は認識している。それなのに，授業中パソコンしていたとなると，後で弁明できなくなる。授業中は子どもの学習に向かうために教師は存在する。そのための動きがいつでもできるように教師はたとえデスクワークをしていたとしても，すぐに変われるというかたちをしていないといけない。子どもに突っつかれるような動きをあえてしないようにすることは，今の時代の教師としての鉄則である。

　もう一つの理由は，教師が子どもの方を向けなくなるためである。教師が校務分掌の仕事をしていると，ついぞ頭の中はその仕事のことが中心になる。その間，子どもは作業や自習などをしている。なかには子ども同士で手紙を回していたり，友達と筆談をしていたりすることもある。その状況は，子どもにとってみれば，「先生は別のことをしていて，ぼくたちを見ていない。だからちょっと……」と自分のしたいことが教師に隠れてできる時間にもなりかねない。このような校務分掌上の仕事を授業中に行う教師は，1回だけでなく，何度かしていくことになる。そのつど，教師は子どもたちの動きを見ない，死角の時間を増やしていくのである。ここからクラスは崩れ始めるのだ。

◎校務分掌の仕事は，授業中には絶対にしない

できている ☐

VII-5 学校全体にかかわる計画や仕事を，見通しをもって行えているか？

　教師には，常に三つの時間軸が必要である。

　一つは，小学校では45分の授業，中学校では50分の授業の中の時間軸である。これは言わずと知れたことで，教師は45分の授業時間の中で，子どもに学習内容をできるだけわかりやすく教えなければならない。

　二つめの時間軸は，単元という時間軸である。単元は，この時期に何時間かけて，一連の単元を教え終われるかを考えるための時間軸である。授業進度が遅れる教師は，この時間軸のとらえが甘いのである。学習指導要領の改訂により，指導内容がより多くなった。より効率よく，よりスピーディーに学習内容を習得させないといけない。その意味では，この時間軸が，今一番問われているであろう。

　三つめの時間軸は，「1学期」や「1年間」という時間軸である。この三つめの時間軸が教師に身に付くと，教師も一人前になったと言える。子どもの学習規律の習得や子どもの行事での活躍の場の保障，子どもの成長などは，この時間軸で見ていく必要がある。また校務分掌上の仕事も，年間を通して行わないといけないことが多い。いつぐらいから企画・立案し，起案・提案へともっていくとよいかなども考えておくとよい。この長期の見通しは，その学校に長くいるベテランの教師とともに話すことで見えてくることも多い。その意味では，新しい学校へ赴任した際には常に自分の疑問やその学校での生活について質問していくことが望ましい。

◎1年間の見通しをもつには，その学校に長くいる教師に質問するとよい

☐できている

Ⅶ-6 起案を必ず行い,管理職から見てもらっているか？

　今は,学校から出されるものすべては,学校の責任である。もっと言えば,校長の責任となる。逆を返せば,起案することによって,学級担任のミスは,学校側のミスにすりかわってしまうわけだ。つまり,起案することは学級担任の危機管理上,とても大切な行為でもある。

　学年主任に「学級だより」を見せることや,自分が考えた「音読カード」を子どもに配る前に起案することなども,保護者や子どもたちに物が届く前に検閲してもらえるので,便利で重要な作業であるといえる。「学級だより」を起案して見てもらうことにより,誤字・脱字だけでなく,文のねじれや敬語のつかい方の間違いなども指摘してもらえる。また,自分の「学級だより」づくりの癖のようなものもわかり,勉強にもなる。「学級だより」で取り上げる事例などがふさわしくないものであったり,その事例を取り上げることで,特定の子どもが傷つくことなども考えられる。そんな時にも起案という制度は,学級担任を助けてくれるのだ。

　「起案なんて,面倒だ」とか「学校のきまりだからしょうがない」などと言う教師もたまに見かける。しかし起案が,学級担任を助けるためのものでもあることを自覚することによって,起案することの大切さを実感するのである。先にも述べたが,今,学校は組織で危機管理していく時代である。その意味でも起案という制度は,最大の危機管理システムの一つであるといえよう。

◎起案は,学級担任を助けるための,危機管理上大切なシステムであると認識する

できている □

Ⅶ-7
子どもの成績は、2か所に集中管理しているか？

　子どもの成績は、教師にとって絶対に紛失したり、また漏洩したりしてはいけない"機密文書"である。今は、子どもの成績などを入れたUSBメモリの置き場や学校としてどのように管理するかまで規定されている自治体も多い。教師はそれほどの機密事項を日々扱っていることを自覚をしなければならない。テストの採点をし、その結果を積み重ねて、通知表や指導要録の記録に反映させるため、子どもの成績は、ある程度の期間、保管されなければならない。あなたはその成績をどのように保管しているだろうか？

　私は、常に2か所に成績を集中管理している。一つは自分で書いた手書きの「成績処理簿」と、もう一つはコンピュータによる「成績処理簿」である。手書きの成績処理簿は、コンピュータなどが使えなくなっても自力で成績処理ができる。また手書きであるので、紛失しないかぎりずっと残る。その成績処理簿は、常に教務室に置いてある。一方、コンピュータに打ち込んだデータ成績は便利で、すぐに平均点などの計算もすることができる。コンピュータ処理ができるようになったおかげで、個別懇談資料なども作りやすくなった。この便利な処理の仕方も魅力である。

　教育に不易と流行があるように、こうした事柄にも「昔ながらのよさ」と「今の時代のよさ」は混在する。成績の残し方も「手書き」と「コンピュータ処理」という二つの教育の不易と流行がある。私はその二つとも大切にしたい。

◎成績は「手書き」と「コンピュータ処理」の両方で残す

□できている

Ⅶ-8 事務処理できる時間の見通しをもって，一日を始めているか？

　学級担任の事務処理には，テストの採点などの子どもの成績処理に始まり，「学年だより」「学級だより」づくりや会計処理，校務分掌上の仕事などがある。また，教育委員会からの要請によるアンケートや研修の段取りなど，細かな仕事も多い。これらの作業は思いのほか時間をとるものが多く，また正確を期すことなどが求められ，神経をつかうものだ。

　だからこそ教師は，一日の計画を立てる中に，「今日一日に行う事務処理の内容を明らかにすること」や「その仕事をどのような段取りでいつ行うかも見通し，一日の計画を立てること」が求められる。どの時間でどの事務処理をどうスピーディーに行うかが，その教師の事務処理能力として問われることとなる。私は，だいたい次のように決めている。

①子どもの宿題の添削やテストの採点……空き時間や放課後に必ず行う。また，テストの採点はためないようにテストを行った日に済ませるようにしている。採点をためることは，後になってたくさんの時間と多くの労力・気力を必要とするからである。

②学校の校務分掌にかかわる仕事……会議のない放課後や空き時間，ときには休日出勤で行う。

　私は，子どもにかかわる資料は持ち歩かない。子どもの資料は機密文書であり，基本的に学校内で作業することが危機管理上，大切である。子どものテストなどを持ち帰り，紛失させてしまうと，大変なことになる。だから，学校内で目を通すようにしている。

◎事務処理の一日の見通しをもって仕事を始めているか
◎子どもの資料を安易に学校外へ持ち出していないか

できている ☐

Ⅶ-9
通知表は，必ずチェックをして早めに所定の場所に置いているか？

通知表の紛失が，最近，よく新聞沙汰になっている。

通知表は子どもそれぞれの個人情報が入っているものであり，公文書ではないが，世間の風物詩として日本人の心の中に根づいているものである。その通知表を教師がなくしたとなれば，教師自身の過失は明らかである。なのになぜ，毎年のように「通知表の紛失事件」が起こるのか？

さまざまな手段で，各学校では，通知表の紛失についての対策が施されている。とても細かなところまで配慮し，なかには鍵をかけ，持ち出す際には，管理職の承認を得てから持ち出すようになっている学校も珍しくない。通知表の紛失が，いかに学校の信頼を損ねるかを重大に思っているからであることは間違いない。

では，通知表の紛失という，学級担任の最大の危機的状況に陥らないためにはどのようにしたらよいかをあらためて考えてみよう。

じつは，簡単なことである。

①学校から持ち出さない
②作業を校内で行い，作業が終わり次第，所定の場所に片づける
③通知表の回収はできるだけ短い期間に行い，必ず点検し，その後すぐに所定の場所に片づける

この３点をしっかりと守れば，通知表の紛失という事態を防ぐことができる。

◎通知表は学校外へ持ち出さない
◎通知表の回収は速やかに行う

Ⅶ 「事務処理」に対する危機管理

☐ できている

Ⅶ-10 子どもが持ってきた申込書や現金は、必ず教師に手渡すように促しているか？

　事務処理にかかわって、意外に重要なことが、「子どもの持ってきた申込書や現金の入った袋などをしっかりと管理すること」である。子どもは、朝のあわただしい中で勝手に教卓に現金袋を置いていったり、申込書を無造作に他の提出物に挟んで提出したりする。なかには、忘れていて給食中や帰り際に手渡そうとする子も珍しくない。

　このことは一見、何でもないことのように見えるが、こうしたことも学級担任は注意深く見ていかなければならない。もし、子どもが提出したはずの申込書が見つからないとか、現金袋が消えてしまったとなると、学級担任の落ち度として、保護者への謝罪や弁償等にまで発展する。

　そこで私は、子どもたちに「申込書や現金袋は、必ず朝、持ってきたら学級担任に手渡すように」と指導している。当たり前のようだが、意外と忙しさにかまけて、そのことへの指導のない教師も多い。このことを常に言うことによって、子どもも習慣化されてくるし、もし事が起こった場合でも、弁明はできる。その意味で、「子どもに重要な文書などは、教師に手渡すように指導しておくこと」は、学級担任として必要なことである。

　また私は、できるだけ朝、子どもの登校時間に合わせて教室に行き、重要な書類について、子どもに提出を求めるようにしている。さらに、重要な書類や現金袋などを回収する場合には、黒板に「担任が教室に来るまで持っているように」と書いておくことも有効である。

◎重要な文書は、学級担任に手渡すように指導する

VIII 「服務・勤務」に対する危機管理

　教師を取り巻く社会の風潮は，そろって厳しい。「公務員なのだから」とか「子どもの前に立っているんだから」ということで，教師の不祥事は，一発で叩かれる。管理者も，そのことで教育界全体が叩かれないようにするために必死である。

　私たち教師は，このような風潮の中で，教師として立ち振る舞っていかなければならない。明確に言えることは，年々，教師の立場は弱くなり，「何でも屋」に近くなり，それでいて，すべての社会的状況を文句も言わずただ呑み込むだけの仕事になって来つつあるということだ。

　だから，教師の服務・勤務のあり方も，昔に比べると随分窮屈になってきている。その意味では，服務・勤務においても意識的に危機管理をしていかないと，職を失ったり，自分の思うように行動できなくなったりする。

　教師にとっては今の時代の中で，しかたがない。職を辞さなければならない事態に陥る可能性があるという点からも，考えていかなければならい危機管理である。本章は，教師として考えておかなければならない大切な章であるので，ご一読いただきたい。

☐ できている

Ⅷ-1

教育公務員であることを自覚しているか？

　全国の公立・国立の学校に勤めている教員は，教育公務員である（法律上，教育公務員という規定はなく，便宜上の呼び名である）。教育公務員である以上，「全体の奉仕者であって一部の奉仕者でない」という文言は知っているはずである。つまり，すべての子どもたちや家庭に対して教育を通して奉仕していくことが，任務であるのだ。

　だから本来であれば，どんな学級であっても，その技量に基づいて，子どもたちの学習を成立させることができなければならない。しかし，現実には学級崩壊が起きてしまったり，保護者や子どもが教師不信に陥る事態も起こる。厳しく言えば，その教師が教育公務員としての義務が果たせていないからなのかもしれない。また教師側から言わせてもらえば，体調面や精神面に不安があったり，時代の価値観が変わりすぎた，などと言うことはできる。

　ただひとつ，この項で強調したいことは，教育公務員には，他の公務員にはない義務があることだ。それは，「研修の義務」である。教育公務員は，常に研修の義務を負っているのである。自分の教え方が古くなったと思ったら，新しい教え方を学んでくることが「義務」なのである。それが，「子どもの前に立つ」者の責任でもあるのだ。また，研修はすればよいだけでなく，それを子どもの教育に生かしてはじめて，研修の成果といえるのだ。

　教育公務員は，今の社会を鑑み，もう一度自分の職をしっかりと見つめ，自分の出せる力の限りを子どもたちに注ぎ込んでいくことが求められるのである。

○教育公務員が「全体の奉仕者」であることを考えよう
○「研修の義務」についてもう一度考えてみよう

できている ☐

Ⅷ-2
毎日の生活をまじめに過ごしているか？

　学校での生活は，常に子どもたちに言っていることを自分が教師として履行しないといけない現実がある。私が子どもだった頃は，教室でたばこを吸っている教師もいたし，子どものことを叩いている教師もいた。テストを学期末にまとめて返す教師もいた。そんな時代はもう夢の中である。今は，たとえまじめに勤勉に，教師として子どもの前に立っていたとしても，ちょっとしたミスや子どもとの関係の悪さで，教師は叩かれる。そんな時代である。

　だからこそ教師は，多くのことを言わず，まじめに地道に，自分ができること，自分がしなければいけないことをコツコツと誠意をもって履行することが必要である。それがまた無難に教師生活を送る上でのなによりの秘訣であり，学級担任としての危機管理の一つである。残念なことだが，それが今の社会の風潮でもある。

　私は，教師は本来，「知恵者」であり，「良識者」でなければならないと思っている。しかし，良識をもって人と人との関係を修復しようと思っても，なかなかうまくはいかない時代である。静かに黙々と，自分がどこでどう出たらよいかを考えながら暮らすことが，今の教師には無難なのかもしれない。

◎常にまじめにコツコツと，自分にできることを行う

☐ できている

Ⅷ-3 何事も他の人に迷惑をかけずにこまめにしようとしているか？

　昔は、提出物が遅い先生、いつまでも必要な物が出てこない先生、机の上がごちゃごちゃな先生、さまざまな教師がいた。今では、少しずつ淘汰され、自分のことはやれる、学級を持ち続けられる教師が、学級担任になることが多くなってきた。これは一つの傾向であるが、管理者にしてみれば、できない人を学級に張りつけることこそ、危機管理上大変であるからだ。

　学校の教員は、基本的にまじめで協力的な人が多い。また、まわりに迷惑をかけないように配慮する教師も多い。期限があるものは、だいたい期限前後には集まる。その意味では、教員の資質として"和"を大切にする気持ちは強い。

　じつは、そういう"和"を大切にする教師がいる学校ほど、子どもの学力も高く、子どもたちもすくすくと成長するのだ。教師の意識がまとまっているところは、必ず学校がよくなってくる。教師の服務・勤務態度において"和"を重んじる傾向のある学校は、子どももよくなるのだ。

　このことはあまり語られていないが、教師に節度のある学校は、しっかりと子どもにも教育ができている。私は、荒れた学校・荒れた教室を何度も再生させてきたが、行ったばかりのころは、教師それぞれが言いたいことを言っているが、それはどちらかというと利己主義的ではないかと思われるようなものをいくつも見た。そういう学校が再生していく上で、まじめで協力的に働こうとする謙虚さをもつ教師集団が、強力に後押ししてきたことを今も感じる。教師が"和"をもって紡ぐ学校は伸びると、私は思っている。

◎迷惑をかけずにこまめに働こうとする意識をもつ

できている □

Ⅷ−4 学校という組織で決まったことに従っているか？

　学校には，職員会議というものがある。教員の中には，この職員会議が，決定機関であるように錯覚している者も少なくない。なかには，「職員会議で決まったのに，なんでその後に校長が言ったことが通るんだ！」と憤っている教員の姿もよく見かける。これは，間違いである。「職員会議」は校長の諮問機関であって，決定権のある場所ではないのだ。気持ちの面では，教職員が一致団結して取り組むために，皆で合議した結果を重視する管理職がいてほしいと思うが，正式には職員会議そのものに，法的に決定機関である根拠は何もないのである。

　多くの教師は正義感が強く，また自分は子どものために，職員のために，最善のことをやっているという信念をもっているものだ。しかし，今の時代の管理者は，自分たちのしている教育活動が他の一般常識からかけ離れているかどうかや，「お客」である保護者に納得できるものになっているかなど，外への体裁を重視する傾向が強い。その上で，教員の考えと違う決断をする管理職も多い。このように学校が自己防衛の意識が強くなり，会社的組織になってきていることを，一般教員は気づかなければならない。今の学校は，優秀な教師の集合体としての学校よりも，みんなで考え，組織で決まったことに協力して従っていく学校，という雰囲気が強くなっている。

　このような主張を展開する私自身，残念だと思う面はたくさんあるが，これが現実である。学校の教員は，組織の中で仕事をしていて，組織で協力して事に当たらないと，今の時代，大変なことになる。

◎「学校は組織である」という認識をもって，何事にも対応する

☐ できている

Ⅷ - 5
教師として行っていることが、合法かどうかを考えて子どもの指導にあたっているか？

　学校の教育活動は、どれ一つとっても法令等に根拠のないものはない。教師は、すべて法令に定められた内容に沿って学習活動を組んでいく必要がある。教師の勤務等についても同じことがいえる。公立学校の教師は、法令に守られながら勤務をしている。一方で、その法令を破れば、即、懲戒処分の対象になり、最悪の場合は懲戒免職もあり得る。

　では、具体的には、どんなことが法にふれることとなるのか。多くの学級担任は、そんなことも考えずに日々の授業に邁進していると思う。しかし時には、きちんと法を知って、教師の仕事を確認すべきである。

　たとえば、次の場合は、法律で禁止されている「体罰」にあたるであろうか？

①教科書を忘れてきた子どもに、隣の席の子に見せてもらったりコピーを用意するなどの配慮をせず、そのまま授業をした
②授業中あまりしゃべるので、その子の机を一番前に出した
③宿題を忘れてきたので、放課後残して教室清掃をさせた

　教師の多くは、自分が学級担任として子どもにしていることが合法的か否かを考える暇もなく過ごしているが、なかには「指導」や合法的な「懲戒」と勘違いして、気づかぬうちに「体罰」を行ってしまっている教師もいる。そのようなことを防ぐためにも、教育の法令関係の書籍などにときどき目を通すことは、教師としては絶対に大切なことである。ちなみに上の①～③は、いずれも「体罰」にはあたらない。

○ときには教育の法令関係の本に目を通すことも必要

できている □

Ⅷ-6

「人の目」を考えて行動しているか？

「学校の先生って，変わっている！」——このような言い方をする人は多い。私はこのような見方をされることは，とても心外である。「先生」を十把ひとからげにして語る風潮は，まったく好きではない。

子どもたちも一人一人違う。だから，それぞれの子どもの個性に対応した教育をしてくれ，と今の保護者は思っている。社会もほぼその傾向を容認している。しかしなぜ，教師だけは，丸ごと馬鹿げたレッテルをつけられるのだろう。そこには，私たち教師の側にも大きな問題があることを感知しなければならない。

あなたは，自分の着ている物についてある種の洒落気をもっているか？ あなたは，偏った考えをもっていないか？ あなたは，人としての品格をもっているか？ あなたは，子どもに見られているという自覚はあるか？ あなたは教師の仕事で生き生きしているか？ あなたは，「人の目」を敏感にとらえる力をもっているか？……

これからの時代に，教師がやはり立派な聖職であるといわれる時代になるとすれば，教師はあらゆる意味で「良識者」でなければいけない。保護者の話は最後までしっかりと聞き，時代の流れに沿った学級経営をし，同時に人の道理を踏まえた考え方をする。

自分の醸し出す雰囲気がどんな雰囲気かを考えて学級経営ができる教師がそろってくれば，教師はもうバカにされる対象ではなくなるはずである。「人の目」を感じ，自分の立ち居振る舞いを顧みることができるかどうかが，これからの教師の資質としてとても重要である。

◎人に見られているという自覚をもつ
◎「人の目」を考えられる力をもつ

IX 「心の安定」に対する危機管理

　今,「なぜ教師は,こんなに精神的疾患になることが多いのか」ということが問われている。
　答えは,簡単である。教師というものは,自分のこれまで生きてきた中で培った「見方・考え方」を売る仕事だからである。特に子どもと共に生活者として生きる小・中学校教師は,子どもたちとの日々の地道な生活の中で,教師それぞれが自分なりの「見方・考え方」や時には自分の生き方にかかわった「価値観」で,子どもにものを伝えている。しかし今,時代が変わり,子どもや保護者のちょっとしたクレームで,教師の「見方・考え方」や「価値観」は簡単に覆される。
　自分の「人生観」や「価値観」だけを頼りにしてきた教師にとって,自分の「価値観」を否定されるということは,教師の仕事を続けられないと考えることにつながる。それだけではない。その価値観は自分の生き方そのものだったから,日常の生活にも支障をきたすのだ。その結果,精神疾患に陥る。
　今,精神疾患に陥らないための教師の「心の安定」を考えることは,教師の世界では必須の課題となっている。ここでは,現代に生きる教師に必要な「心の安定」についての,いくつかの課題を示すことで,教師として続けていけるか否かを考える危機管理意識を問うてみたい。

できている □

IX-1

自分の趣味はあるか？

　あなたは，自分の趣味をもっているか？　私は最近，このことが今を生きる教師の危機管理上，とても大切なことであると実感している。私は二十数年間，「教師は子どものために最大限の努力をするものだ」「自分の学級の子どもたちをもっと伸ばしてあげたい」との思いから，がむしゃらに仕事に打ち込んできた。家族や私生活を差しおいて，研究や部活動，さまざまな研修に，土日もなく取り組み，"趣味＝仕事"というような生活を送ってきた。しかし，今の学校は，教師が子どもの教育に熱心になりすぎてもまた，危機管理上の諸問題は起こるのだ。社会の価値観が多様であるように保護者のクレームも多様である。学校ではいつの頃からか「ほどほどに」という言葉が飛び交うようになっている。

　このような時代であればこそ，教師もちょっと仕事を忘れ，自分の時間を楽しむ。このことで心にゆとりが生まれ，"自分はこうでなければならない"という頑固な思いを少し緩ませてくれるのだ。精神的に参ってしまわないようにするためにも，今は，そのゆとりが教師として大切である。

　その意味でも，趣味をもつことは有効である。また，趣味を通して教師以外の人と接することは，もっと重要である。趣味を通して人と交流することで，今の時代の一般の大人が何を考え，何を思っているかを知ることは，教師の資質向上のためにも必要なことである。教師以外の人と話す中で，教師として気をつけなければならないことを学ぶ場面もたくさんある。

◎教師は趣味をもとう
◎人との交流を楽しもう

IX　「心の安定」に対する危機管理

☐ できている

Ⅸ-2

気を紛らわす自分の方法はあるか？

　今の時代，教師の仕事を続けていると，人の道理にかなわないような「価値観」を押しつけられることは，たくさんある。こちらの方が教育上も，これまでの常識からも正しいと思っていても，通らないことが数多い。給食費未納問題などは，まさにその一例である。本来であれば，強く保護者を指導していくのが筋であろう。しかし今は，行政も学校の管理者も，「お客」である保護者の指導には弱腰である。つまり「言った者勝ち」の世界が教育界でも成り立っているのである。

　学級担任は，その最前線で，保護者のクレーム対応から子どもの問題行動の指導まで全部しているのである。さらに，子どもに勉強を教えることが本務なのに，箸の持ち方，歯の磨き方から，性教育まで指導しなければならない。そのことについては百歩譲ったとしても，「子どもの教育上間違っていることも，保護者の怒りを穏便に済ますために，白を黒と言え」と言われることもある。こうなると，学級担任もやり場のない怒りや不満をもつようになる。

　そこで，不条理感を感じた時に，気を紛らわす方法をもっているかを問いたい。このことが，今の教師にとって意外と大切で，このことができなかったためのトラブルの話は，けっこう聞こえてくる。たとえば，子どもを殴ってしまったとか，酒の上の暴力を起こしてしまったとかの話は，よくあることとして新聞にも載る。

　今の時代の教師は，冷静で"フラット（平ら）"な感覚を常にもっていないとやっていけない。昔のように"情熱"だけではやっていけない時代になっている。だから気を紛らわす方法が必要なのだ。

◎気を紛らわす方法をもとう

できている □

Ⅸ-3

自分の愚痴を聞き流してくれる相手はいるか？

　学校での諸問題で，自分が教師として，学級担任として，教育上この考え方は間違っているだろう，と思うようなことに出合う場面はいくらでもあるだろう。不条理だと思うことも少なからずあるだろう。一般の社会ならそれは当たり前のことかもしれないが，今では道徳心を教えていかなければならない学校であっても，道徳的でない処理をしないといけない場面が多々出てきた。これはひとえに「価値観の多様さ」がもたらしたものであるが，「価値観の多様さ」というきれいな言葉で言ってはいけない気もする。私は「放任と過保護・過干渉とわがままさ」の台頭であると言いたい。今は大人がわがままになっている。しかし，そのしわ寄せが「子ども」に来ていることを，誰も強く主張しない。みんな大人は，自分の都合でものを言う。

　そのことがわかる教師は，愚痴を言う。しかし教師の愚痴は，めったなところで言ってはいけない。また，本当に愚痴を言ってよい相手かどうかも見きわめてから話をしないと，とんでもないことになる。

　よく職場の同僚に，信頼して自分の身の上を全部しゃべったら，翌日，他の同僚から昨日しゃべった内容を言われた，という話がある。教師は，このようになることをできるだけ避けることも危機管理の一つなのだ。

　自分の愚痴を聞き流してくれる相手は，意外といそうでいなかったりするものかもしれない。しかし，今を生きる人間である教師，「教えるマシーン」ではない教師にとって，このことは意外と重要であると，ここではっきりと言っておかなければならない。

○自分の愚痴を聞き流してくれる相手をもつ

☐ できている

IX-4 語り合える仲間はいるか？

　最近の学校では，職員室にいても互いの思いを交わす時間はほとんどなく，絶えず忙しく走り回っていることが多い。大きな学校では，1日に一度も顔を合わせない教師同士も珍しくないのではないか。そこで問題になるのは，「同僚性の欠如」である。

　「学校は生き物である」ので，よくなるか悪くなるかは，そこに集う人々の意識，その学校の教育に携わる教師，保護者のモチベーションによるところが大きい。「同僚性」とは，その学校をよくしたいとする互いの意思を交わすことに他ならない。互いにカバーし合いながら，互いに協力し，互いに切磋琢磨する。この関係が学校にあれば，学校は必ずよくなる。そこには，必ず語り合える仲間がいる。同僚がいる。

　また，学校という職場に限らず，「大人」として語り合える仲間をもつことも重要である。教師の視点からではない，まったく別の次元でものを言う人と語り合うことは，一般社会人としても，教師としても，重要である。私は「だから，学校の先生は……」と言われることが嫌いである。私は，学校の先生である前に，社会人であり，大人である。もっと言うと，「良識のある大人」でありたいと常に努力している。経済や社会についての状況認識，文化や歴史についての見識，よいものを本当によいと言える価値観を常にもちたいと思い，努力している。常に自分の「今」，社会の「今」を見つめながら教育を進めていくためにも，一般社会人との交流は，教師にとって重要なことである。

◎語り合える仲間を，職場と社会，どちらにももとう

できている ☐

Ⅸ-5
教育に対する「理想」をもっているか？

「今の時代,教育に『理想』を求めてもむだでしょう」と言われるかもしれない。しかし私は,やはり「教育に対する理想が教師には必要である」と思う。本来なら,教育に対する理想をもてなくなったら引退することも必要なのかもしれない。それぐらい大切なことである。

なぜそんなに「教育の理想」をもつことが大切なのか。その答えは簡単だ。子どもは,その教師が正当な教育の理想をもっているかどうかを見抜くからだ。子どもはそれぞれに,「この先生,本気でない」「この先生,いいかげんだ」などという思いをもつ。なかには間違いもあるが,道理にかなっていることも多い。子どもは,常に「自分はよくなりたい」とどこかで思っているものだ。だから,子どもの思いに耳を傾けていくことで,教育の理想を考えることができるであろう。

私は,自分なりに教育の理想をもっている。それは,「共育」である。「共に育つ」ことである。この「共に育つ」ことは,子どもと教師だけでない。教師と教師,親と子,同僚と同僚,仲間と仲間。常に対等に育っていくことが,基本である。だからこそ,時に謙虚に,時に感情を露わにしながら,互いを示し合っていく。その場,その時にはわからないが,「共育」の歴史は,後を振り返るとよくわかることがある。「すぐに結果を出さない」「すぐに結果を求めない」日々の暮らしの中で培いはぐくむことを大切にしたい。これが私の「教育の理想」である。

教師は,「教育の理想」をもち,その実現のために最大限努力すべきである。それを子どもが見ている。

◎教育の理想をもち,その実現のために努力する姿勢を常にもつ

☐できている

IX-6

教育の「現実」をよく見ているか？

　教育の「現実」をよく見ているか？　つまり，今の学校で起こっていることをしっかりと記憶しているかということである。記憶するだけでなく，自分の場合に置き換えて考え，行動しているかというところまでが大事である。

　教育の理想について前項で語ったが，理想だけではもう生きていけない時代である。また，今では教師として数年休んでいると，そう簡単に現場復帰はできない。学校で起こるさまざまな事件や事故，またはさまざまなクレームへの対応，すべてが20年前とはまったく違う。いや10年前ともまったく違う。「学校は生き物である」と前々項で言ったが，学校は，常に変わり続けている。それが子どもの教育や未来をつくるための場として，よい方向に向いているか否かは別としても。

　ここでは，現場の現実をはっきりと事例化して言うことはしない。それは現場にいれば，いやというほどわかるであろう。ただ言えることは，その場で自分がどう考えて，自分の気持ちや考えを修正したり，我慢するだけでなく，形を変えたりできるかが大切だということである。

　「事実は小説より奇なり」という言葉がある。まさに今の学校は，そのとおりである。「学校は現実と社会を映す鏡である」と言ってよい。私たち教師は，その中で仕事をし，なりわいとしている。この教師という仕事を続けていくためには，「現場で起こるすべての現実」を受け止め，対策を考えて実行していくことからでしか，始まらないのだ。

◎学校で起こるすべての現実を受け入れることから始めよう

できている ☐

Ⅸ-7
「まあ，いいか」の精神をもっているか？

　今の時代に教師であるために，「教育の理想をもつこと」と「教育の現実を受け止めること」が重要であることをこれまで語ってきた。もう一つ大切にしなければいけない鉄則がある。それは，「まあ，いいか」の精神である。誤解を受けると悪いので，はじめに言っておくが，これは，教師の仕事すべてに「まあ，いいか」という精神をもて，ということではない。自分が教師として，たとえ最善を尽くしたとしても，思うようにならないこともある。そのことに対して，「まあ，いいか」の精神が必要なのである。

　教師の中には，完璧主義を貫こうとする人も多い。また，「自分のどこが悪いのか，自分は絶対に間違っていない」と言わんばかりに行動する教師も多い。しかし，そのような教師のもとでは，子どもは嘘をつくようになる。一見，よい子のように見せて，裏ではさまざまなずる賢いふるまいをやってのける子どもになることも少なくない。だから，「子どもはそれほどすぐには変わらない」という思いをもち，「子どものために」とムキになりすぎないこと，自分のできることを粛々とするように心がけることが，今の時代は大切である。ムキになればなるほど余裕を失い，他人のアドバイスを聞けなくなったり，子どもにきつくあたってしまったりすることにもなる。

　教師としての"熱い思い"は大切である。しかし今の時代は，冷静に粛々と教師も自分のために仕事をしていくのが，無難な時代である。残念ながら。だから「まあ，いいか」の精神も必要なのである。

◎冷静に粛々と，任せられた仕事をこなすことが一番！
◎あまり熱くならない

Ⅸ　「心の安定」に対する危機管理

☐ できている

IX-8
「子どもといることも悪くない」と思えるか？

　最近の子どもたちはおとなしくなってきたが，それは表向きである。意外と昔より"素直さ"がなくなってきている面もある。また"ずる賢さ"も以前より深く入り込んだ感じがする。携帯電話やコンピュータの普及などとも関連があるのかもしれないが，なかなか子どもの本当の考えがとらえにくくなった。子どもが少なくなり，大人といることが多くなったことで，子ども同士の人間関係よりも大人の考え方の影響を直接受ける感覚が強くなったことも関係しているだろう。家で教師の批判をしている保護者の子どもは，必ず先生に批判的だ。子どもは聞いたことしか言わないものなので，批判的な子どもは必ずその批判的知識をどこかで注入されている。

　しかし，まだ純粋に，ただ「遊ぶことが楽しい」とか「学校はおもしろい」と目を輝かせる子どもも多い。私は，その子どもたちと話をしている時が，もっとも癒される時間である。テレビ番組の話，ゲームの話，習い事での話など，子どもたちは，いろいろな経験を話してくる。ときには，家の中のごたごたも平気でしゃべる子どももいる。私は，いつも「子どもたちはすごいなあ」と感心する。

　教師の資質として大切なことは，子どもと一緒にいることを不快に思うか思わないかということであるとよく言われるが，そのようなことは当たり前で，私は子どもといられることを「ありがたい」と思う。どんな人といるよりも，これからの未来をつくる人たちと今，一緒にいられることに，本当に感謝している。だからこそ，私は常に「子どもたちの前に立っている自分はこれでいいのか」と自問自答している。

◎子どもと一緒にいて楽しいと思えるかどうかを自問自答してみる

できている ☐

Ⅸ-9

自分のやりたいことを形にしようとしているか？

「教育は停滞すると荒れてくる」——これは，私の持論の一つである。機械が相手の仕事であれば，去年と同じ作業手順でより速くできるようにしようとすることぐらいが，去年と今年の違いであるかもしれない。しかし教育においては，去年と今年はガラッと違うことも珍しくない。去年成功したので去年と同じように，と思って行ったことが，いまひとつの結果になることも珍しくない。子どもが変われば，手順も違う。子ども同士の結びつきのかげんも違う。だから叱り方も，その子どもたちに合うように，その子どもたちに響くように変えなければならない。教師は一年一年が勝負なのである。

だからこそ，毎年しっかりと自分のやり方を見直し，自分のやりたいことを形にしようとする努力を行っていく必要があるのだ。常に自分で考え，攻めの姿勢で子どもの教育にあたらないと，子どもの意識が停滞し，必ずよくない方向へシフトしていく。これは経験的に私が教師として学んだことであるが，同じように思っている教師も多いのではないだろうか。

なぜ，教師という仕事が精神的に疲れるのか。それは，教師が常に毎年，自分を奮い立たせ，子どもに向かって最善を尽くそうとしているからである。だからそれが否定されると，もう立ち直れなくなることも事実として見られる。教師は，常に自分のやりたいことを形にしようとしている時が，危機管理上も安定している状況なのである。

◎教育上，自分のやりたいことを実現しようとすること

☐できている

Ⅸ-10
人と一緒にいることに嫌気がさしていないか？

　人と一緒にいることに疲れたり嫌気がさしたりしているとすれば，教師として危ない状況であると考えた方がいい。教師は，人と接する職業である。また，物を売るのではなく，価値観や考え，知識を伝えていくのが仕事である。だから，人とある程度深く接していかないと，仕事にならない面がある。

　今の時代の学校にはストレスを感じることが少なからずあるが，そのストレスを自分なりに処理できるからこそ，教師を続けていけるのである。ストレスを感じて「人と接すること」を嫌がってしまっている自分がもしいたら，ちょっと気分転換を図った方がよい。酒を飲むでもよい。気の置けない仲間と語らうでもよい。自分でやりたいことをとことんやってみるでもいい。ただ寝続けるだけでもいい。自分なりの癒し方でその場を乗り切る必要がある。

　「人と接したくない」と思っている時は，その前になんらかの自分にとっての汚点や嫌なことを感じたからであろう。だからこそ，それを吹っ切る必要がある。「仕方がないのだ。生きていればそういうことはある」という意識で吹き飛ばしていける自分にしていかないと，精神疾患にも陥りかねない。Ⅸ-7項で述べた「まあ，いいか」の精神を強くもっていかないといけない。ときに鈍感になれる自分をつくることも，この時代を生きるコツでもある。人と接することに嫌気がさしたら，自分のしたいことをして忘れる。それがよい。

☐嫌気がさしたら，事を忘れて鈍感になる自分をつくる

できている☐

Ⅸ-11 「自分はこういう教育をしたい」という意志をもっているか？

　最後に結論めいたことを言うと，学級担任は，やはり「自分はこういう教育をしたい」という意志をもっていないといけない。これがない教師は，自分の学級が崩壊してしまったり，自身が精神疾患に陥ったりする可能性が高くなる。学級担任は，最低でも１年間，気力・体力・関係調整能力などが充実していないと，子どもの指導にはあたれない。「自分はこういう教育をしたい」という意志は，これらの力がある程度充実していないと湧き出てこない。だから教師という仕事は，なにより「健康が第一」の仕事なのである。

　また，「こういう教育をしたい」ということは，そんなに大きなものである必要はなく，「学級を１年間，このような形で運営したい」という気概であると言ってもよい。しかし，この意志がないと，子どもたちは教師を見抜いて，好き勝手にし始める。そこでの歯止めがかけられるか否かは学級担任として非常に大きく，常にそことの闘いと言っても過言でない。教師に気力のない学級は，教室に入るとすぐにわかる。掲示物の張り方や子どもの字の書き方，教師の机の上や棚の整理の仕方等々，これらに教師のやる気があらわれてくるものだ。

　子どもは，よく大人を見ている。大人のふるまいや大人の矛盾を。特に，子どもにとってのある種の威圧者である教師に対しては，その存在の価値をなかなか認めない風潮が，今の時代にはある。だからこそ教師は，時代を正当にとらえた"威圧感"を，子どもや保護者に示さなければならない。そこではじめて評価される。だから，学級担任は，自分の意志をもち，教壇に立ち続けるしかないのだ。

☐自分のしたい教育を具現しようと努力していくこと！

終章　理想を生かす戦略力を高める
――勝負できる自分の「見方・考え方」を養うこと

もう「HOW TO」だけでは，生きられない！

　今から十数年くらい前，学校社会で「学級王国」なる言葉がもてはやされた。いわゆる「できる教師」が，自分の専門教科の指導を中心に独自の学級づくりを行い，学級の子どもを引きつけ，その学級の求心力を売りにしていた。そうした教師の学級づくりは，他の学級の教師からは突出して目立っていた。そのような優れた教師の学級づくりを学ぼうと，多くの教師がその教師の学級経営の仕方や子どもが飛びつく授業づくりの仕掛けを学ぼうとした。

　その時代，多くの教師は，こぞって「HOW TO」を手に入れようとした。しかしその一方で，「できる教師」「できない教師」のレッテル貼りや，見かけ上の学級経営の「格差」がはっきりし，教師間の意識の格差や無力感の意識化にも拍車をかけた。なかには，無力感から精神障害を起こす教師も存在した。

　しかし今，時代は，はっきり変わった。今の学校は，組織で考え，組織で運営し，組織で事をなす時代に入ったのである。私は，学校の最前線でそれを肌で感じる。さまざまなクレーム，いわゆるモンスターペアレントへの対応，学力向上対策，いじめ・不登校対策，どれひとつとっても，教師個人に任される時代ではなくなった。一人の優れた学級担任が突出するだけでは，もういけない時代なのである。

　学校には，さまざまな教師がいる。前年度新採用になったばかりの教師，もうすぐ定年を迎える教師，バリバリ自分のやりたいことをや

りたい教師。それらの教師がそれぞれ勝手に，自分だけの授業をやっていてはいけない時代に入ったのである。教師が互いに支え，皆で学校を考え，行動することが，なにより重要なのである。

今の保護者は，学校にある程度均一な，そして一定レベル以上の教育を求める。どんな教師であっても一定レベルの学力と正しい人間関係を教えられるという前提が成り立ってはじめて，保護者は学校を信頼する。私たち教師は，このことに真摯に正対し，学校・学年・学級をみていかなければならない。

本章の冒頭に「もう『HOW TO』だけでは，生きられない！」と書いた。私は「HOW TO」を知ることは大切であると思う。しかし時代が，もうそれだけでは許さなくなってきたのだ。個人の「HOW TO」を云々するだけや，そのことで突出した教師がすごいとか優れているというだけでは，日常の教育現場は埋まっていかないことを，本章で示したかったのである。一つの学校組織や教師集団として，互いにやさしく，時に厳しく，「HOW TO」を検討したり，それ以上にその「HOW TO」の使いどころをより確からしく，同僚に伝えていったりすることこそが，教師それぞれを互いに救い合うことになる。またそれは，子どもたちに対しても，より均一で質の高い教育を学校で保障していくことにつながる。それがまた，保護者の学校への信頼にもつながるのだ。

今こそ，教師は「見方・考え方」を大切に！

では，教師に大切なことは何か。

「はったり」と「建前」か？　それとも「地道」と「誠意」か？　「人気」と「かっこよさ」か？　それとも「ギャグ」と「おもしろさ」か？

私は，若い頃，「HOW TO」を学びたくてしょうがなかった。「HOW TO」があれば，「HOW TO」がわかれば，子どもによりよい学びが保障できるとずっと考えていた。早く技術が欲しいと必死になった。

終章　理想を生かす戦略力を高める

しかしある時，はっきりとわかった。教師は技術を大切にするだけではいけないことを。そんなの当たり前じゃないかと笑われそうである。しかしそれは，今の学校を生きるからわかるのである。では，今を生きる教師にとって一番大切なものは，何か？

　それは，「見方・考え方」である。「見方・考え方」がどれほど教師をつくり上げているかを知れば知るほど，教師は「見方・考え方」で生きているのだと実感する。自分の生きてきた人生を含んだ「見方・考え方」に大きく左右されるのだということを。

　だから，クレーマーにとりつかれた教師は，自信をなくし，精神疾患に陥るのかもしれない。また，いくら経験年数を積んでも，子どものことが読めず，学級崩壊を起こしてしまう教師もいる。しかし，これらは子どもに正対し，真剣に悩み，真剣に取り組んだ結果であろうか。どこか，逃げたり，後ろ向きになってはこなかっただろうか？これも「見方・考え方」の問題と関係しているのである。

　どんなに多くの「HOW TO」をもっていても，どこで，どんな時に，子どものどんな状況で，どんな地域で，どんな環境下でその「HOW TO」を行うのか。その「HOW TO」には，教育的勝算はあるのか。これらのことを考え，自分の「HOW TO」を繰り出すときに，教師の「見方・考え方」は問われる。

　教師として大切なことは，子どもに正対する本物の「見方・考え方」をつくり上げることである。それは，教師の「正義感」と「センス」と言ってもよい。企業は営利が目的の組織であるため，利益につながるためには「白」を「黒」と言わなければならない瞬間もあるであろう。しかし教育はどうか。未来を生きる子どもたちが，人として正直に一生懸命に働ける人になるために，人が人を愛し続けるために，人が人を支えるために努力し続けるために，教育はあっていいのではないか？

　教師は，自分の「見方・考え方」で勝負するべきである。それを一番よく見ているのは，未来をつくる子どもたちなのだから。

今，学級担任に求められるもの，それは「戦略的教師」であること

　先に「もう『HOW TO』だけでは，生きられない」ということを語った。なぜ私がこの一節を書いたかというと，今を生きる現場の教師には，教育の「哲学」と「HOW TO」の狭間を埋める力が，より重要になってきていると感じるからである。また現場の教師にとって，そこが意外に弱点でもあるからである。

　教育の「哲学」と「HOW TO」の狭間を埋める力，それは「教育ストラテジー（戦略）力」であると私は思う。簡単に言えば，子どもたちのどのような状況の時，どのような「HOW TO」を使うと，よりその教師が思っていた目標に近くなれるかを，学級担任・教科担任が自分で描き，実行していく力である。これは，単なる「計画（PLAN）」とはちょっと違う。計画はあくまで計画である。また，今の学校では計画を修正するために，多くのむだな手順を踏まなければならなくなっているため，小回りが利かない。私の言う「戦略力」というのは，もっと現場や状況に合わせて，自分の手立てを柔軟に変えていけるというものである。と同時に，「常に使える」ようなものでもある。それはいわゆる，職人がその日の天候やさまざまな状況の変化にも対応して一流の物を作り上げる過程に内在するものに近い。

　私は，個人では10年くらい前から，総合的な学習の時間のストラテジープランを作ってきた。今いる小学校では研究主任として４年間，先生方に「思考力を高めていくためのストラテジープラン」を書いてもらっている。「１年間で，どの教科で，どのような手立てで，どういう授業づくりをすることで，その教科の思考力を高めていくか」という戦略プランを，年度当初に書いてもらうのである。研究授業もその一環で行っている。「具体的な現実（学級実態）と，向かわせなければならない目標（伸ばさねばならない思考力）との狭間を，どう日常的に，実践的にクリエイトするか」が，じつは学級担任や教科担任

に任せられた部分である。このことを先生方に明確に示し、そこを考えてもらうことで、教師の職務や求められることへの意識づけを行っている。よく学級経営案などを年度当初に書く学校もあったが、あまりにぼやけていてお題目にしかならなかったというのも、私の正直な感想である。

今行っている、この「ストラテジープラン」は、先生方も「思考力を高めていくために、どういう授業やどういう日常づくりをするか」が明確になり、学級経営案よりもやりやすいし、現実的に使えると感じてくれている。

これは私のささやかな取り組みにすぎないが、このように自分の「見方・考え方」を信じ、子どもの今と未来を見据えてチャレンジしていく教師が多くなることを、私は切望する。

人は、「正義感」だけでは生きられない。それはわかっている。しかし、今を変えようとする思いをもって教育に取り組むことこそ、私たちの目の前にいる子どもたちへの道標になるのではないだろうか？

「学校の先生はたいしたことはない」——これが今の世間の常識である。そこを変えていける力をもつ教師集団ができることこそ、教育を進歩させる大きな力になるのではないか。そのために私はあえて、今、教師の「戦略力」という言葉を、メッセージとして伝えていきたい。

教師は、「狭間」の中で生きている

最後に、もう一つ考えていただきたいことがある。

それは、私が今も思うことである。私たち教師は、常に何かと何かの「狭間」で悩みながら教壇に立っていること。これは、私だけではなく、多くの学級担任が感じ、日々必死になって考え、取り組んでいることではないだろうか。

例えば「教科書の内容を子どもに理解させるための狭間」、例えば「理

解の早い子どもとゆっくりな子どもの狭間」，例えば「子どもの思いと保護者の思いの狭間」，例えば「子どもの生徒指導上の叱り方と親への対応の狭間」，例えば「学習指導要領の内容と日常の授業の狭間」，例えば「日々の仕事内容と自分の時間との狭間」，例えば「同僚の職員同士の意見と意見の狭間」，例えば「学校という組織と個人の考えの狭間」，例えば「今の社会と学校との狭間」，例えば「自分の理想の教育と現実という狭間」……。

あげればきりがないほどの「狭間」をあげることができる。私たち教師はその狭間を埋めるために，日夜考え，行動している。その中で一番大切なことは，教師自身がその「狭間」をどう"納得"して埋めていくかである。だからこそ，人間的理想と今の現実の狭間で，常に何ができるのかを，自分に問い続けないといけない。

クレームを恐れるあまり，教育効果の大きさを棄て，安全性や自己防衛の教育に走ってはいないだろうか？　私は，教師として，私に問いかける。未来をつくる子どもたちに自分ができる最大の教育をしているだろうか，と。

私は，本書を書くにあたって，とても悩んだ。今は，リスクを冒してもなんら利益はない。だから教育もそれでいいのだ。しかし本当にこれでいいのか？……等々と。

「人づくりは，未来づくり」もう教育にはロマンがなくなったのだろうか？　ただクレームを恐れ，そこを逃れるための弱腰の教育でいいのだろうか。

怖いからといって，誰も言わなくていいのだろうか？　本物を求めなくてよいのだろうか？

しかし，今日も現場は回っている。「理想」をもちながらも「現実」と闘い，何もなかったようにしていくために。現場の教師は常にさまざまな「狭間」を埋めるべく奮闘している。

お互い，頑張りましょう！　教師たち！

おわりに

　本書は,「HOW TO」本ではない。形式は「HOW TO」の形式を整えているが,まったく「HOW TO」本ではない。

　じつは本書は,教師の「見方・考え方」を問う本である。

　教育界には,高名な学者の先生方が書く理論書がある。と当時に,現場の教師が優れた実践を紹介する実践書やいわゆる「HOW TO」本がある。しかしその狭間を埋める,現場の教師に「見方・考え方」を問うような本は,これまで私はあまり目にしたことがなかった。本書は,現場の本音に切り込み,その現場での教師の「見方・考え方」を問い,それを読者自身で紡ぐための本としてある。私の考え方だけが正しいのではなく,一つの叩き台として存在するのだ。現場の教師にとって不安になっていることや,日々の学校生活の中で悩んでいることに対し,同感したり,互いに考え,示唆し合えるための「触発本」であればよいと思っている。じつはそのことが教師の成長にとって大きな意味をもっていることを,私は長年の現場での経験と研究を通してよくわかったからだ。

　これまで私がお世話になった多くの先輩・同僚の教師の皆さんをはじめ,お世話になった大学の先生方,オーストラリアで教鞭を執らせてくれた教師たち。なにより,これまで出会ってきたすべての子どもたちに感謝しながら,本書を書き上げた。

　また,本書を書くにあたって何度となく相談にのっていただいた「教育の現場を語る会」の長谷川氏・大田氏には心より感謝したい。さらに,一介の現場教師にこのような多大なチャンスを与えてくださった教育出版の方々に敬意を表すとともに,心より御礼を申し上げたい。

　2012年1月

成瀬　仁

［著者］

成瀬　仁（なるせ ひとし）

公立小学校教諭。国立大学教育学部非常勤講師及びオーストラリア公立小学校での勤務経験がある。また，幼稚園での教諭経験もあり，多彩な教職経験を生かし，子どもと環境，教師の雰囲気について考えながら，現役で教壇に立っている。

〔著書〕『続 チェックリスト 学級担任の危機管理』『学級担任が学級全体の学力を伸ばす10の鉄則』（ともに教育出版）

チェックリスト　学級担任の危機管理

2012年2月8日　第1刷発行
2014年2月10日　第3刷発行

著　者　成　瀬　　仁
発行者　小　林　一　光
発行所　教　育　出　版　株　式　会　社
　　　　〒101-0051　東京都千代田区神田神保町2-10
　　　　電話 03-3238-6965　振替 00190-1-107340

Ⓒ H.Naruse 2012　　　　　　　　　印刷　モリモト印刷
Printed in Japan　　　　　　　　　製本　上島製本
落丁・乱丁本はお取替えいたします。

ISBN 978-4-316-80343-2 C3037

学級担任が学級全体の学力を伸ばす10の鉄則

■ 成瀬 仁 著
■ 四六判／並製／160頁

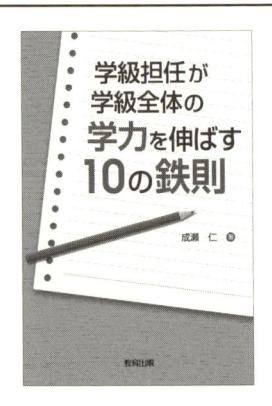

「ふつうの学級担任が，日常の学校生活を通して，学級全体の学力をあげていく」ための秘訣。思考力を高める「学級づくり」から「ストラテジー」まで。

● 主な内容

- [序論] 今，問われる「学力」！
- 鉄則1 "淡々と""粛々と"学級づくりをすること
- 鉄則2 学校生活の日常を「学力づくり」の視点から見直し，工夫すること
- 鉄則3 成績Cの子どもをBにする取り組みを行うこと
- 鉄則4 これまでの授業の常識を疑っていくこと
- 鉄則5 「基礎・基本」の授業と「活用」の授業をはっきりと意識して行うこと
- 鉄則6 「学力，学力」とムキにならないこと
- 鉄則7 「教師と子ども」ではなく，「人と人」との対話を心がけること
- 鉄則8 専門研究だけにかたよりすぎないこと
- 鉄則9 子どもに「あなたにはすばらしい能力がある」と言い続けること
- 鉄則10 子どもの思考力を鍛えるストラテジーをもつこと
- [まとめ] "雰囲気"と"感化"で子どもの学力は変わる！
- 付録 思考力を鍛えるストラテジープランの実際と実践

教育出版
〒101-0051　東京都千代田区神田神保町2-10
TEL 03-3238-6965　FAX 03-3238-6999
URL http://www.kyoiku-shuppan.co.jp/